Dachgeschoß-
und
Innenausbau

Manfred Maurer

Dachgeschoß-
und
Innenausbau

Inhalt

Planung

Jahrhundertelang galten die Dachkammern entweder als billige Unterbringung fürs Gesinde oder als Wohn- und Arbeitsraum für brotlose Künstler. Die Künstler waren es auch, die aus der billigen Behausung bald ein großzügiges Atelier machten. Mittlerweile haben Dachwohnungen ihren eigenen Reiz. Die Dachetagen vieler Stadthäuser sind heute besser und schöner ausgestattet als die darunterliegenden Wohnungen **(2)**; und auch im Einfamilienhaus läßt es sich häufig unter dem Dach gemütlicher wohnen als im Parterre **(1)**. Doch wie schon zu Zeiten des armen Poeten von Carl Spitzweg gilt auch heute noch, daß der Ausbau vorhandener Raumreserven unter dem Dach vor allem die

Abb. 1

Abb. 2

preiswerteste Möglichkeit zur Schaffung neuen Wohnraums ist. Dies gilt sinngemäß auch für den Kellerausbau – selbst wenn eine Souterrainwohnung wohl nie den besonderen Reiz einer schönen Dachwohnung erreichen wird. Die Wohnungsnot hat dazu geführt, daß in den letzten Jahren die baurechtlichen Vorschriften gelockert wurden und vor allem in Ballungsräumen heute ein Ausbau von Räumen möglich ist, der früher nicht genehmigt wurde.

Vorplanung

Raumreserven

Es gibt viele Gründe, weshalb der zur Verfügung stehende Wohnraum zu klein werden kann: der Nachwuchs, die zu pflegende Schwiegermutter, der zu Hause notwendige Arbeitsplatz oder auch nur das Bedürfnis nach mehr Bewegungsraum in den eigenen vier Wänden. Bevor Sie aber gleich an einen Neubau denken, sollten Sie prüfen, ob es in Ihrem Haus nicht doch noch ungenutzte Räume gibt, die zu Wohnzwecken ausgebaut werden können. Häufig läßt sich auch durch eine Neuaufteilung von Nebenräumen Platz schaffen, der vielleicht für einen Wohnraum nutzbar ist. Warum sollte nicht die Heimwerkstatt in der Garage verschwinden, wenn der bis-her dafür genutzte Kellerraum zu einem privaten Fitneßstudio oder einer Kellerbar ausgebaut werden kann? Überlegen Sie: Wie lange werden die Kinderzimmer noch benötigt? Oder läßt sich durch einen Tausch vorhandener Wohnräume der zur Verfügung stehende Platz besser nutzen? Wie groß müssen die zusätzlichen Räume sein, und wie wollen Sie sie nutzen? Ein Büroraum mit Publikumsverkehr unter dem Dach sorgt für Unruhe und Dreck im ganzen Haus, und ein Kinderzimmer, 2 Etagen vom Elternschlafzimmer entfernt, ist doch frühestens im Teenageralter sinnvoll. Wenn Sie sich über die zukünftige Platznutzung klar geworden sind, sollten Sie eine Grundrißzeichnung der auszubauenden Räume anfertigen und die geplante Aufteilung eintragen **(1)**.

Installationsmöglichkeiten

Denken Sie bereits bei der Planung an die notwendigen Installationen für Strom, Wasser, Abwasser und Heizung. Planen Sie Küche oder Bad so, daß sich die Wasser- und Abwasserleitungen einfach und preiswert nach oben verlegen lassen. Dies gilt auch für die Heizungserweiterung: Wenn der zentrale Heizkessel für die zusätzlichen Räume nicht mehr ausreichend ist, muß er möglicherweise gegen einen größeren ausgetauscht werden. Alternativ können Sie aber unter dem Dach auch eine eigene Etagenheizung einplanen. Sollten beim Verlegen der Abwasserleitungen Hindernisse im Wege stehen, die den Abfluß mit natürlichem Gefälle nicht zulassen, muß gegebenenfalls eine Hebeanlage installiert werden, die das Schmutzwasser und notfalls auch die Fäkalien in das höher gelegene Abwasserrohr transportiert.

Baurecht

Bevor Sie Veränderungen an Ihrem Haus vornehmen, müssen Sie prüfen, ob das Vorhaben baurechtlich relevant ist. Dies ist meist der Fall, wenn der Ausbau bestimmter Räume zu Wohnzwecken nicht von vornherein geplant und genehmigt war. Er kann dann eine genehmigungspflichtige Nutzungsänderung sein, für die ein Bauantrag eingereicht werden muß. Hierzu benötigen Sie immer einen Fach-

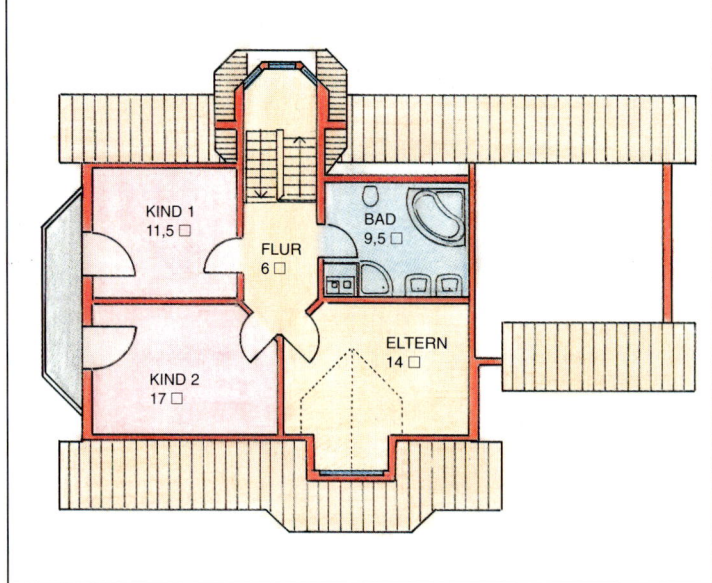

Abb. 1

mann, also einen Architekten oder Bauingenieur.

Da die Vorschriften von Bundesland zu Bundesland unterschiedlich sind und die einzelnen Baubehörden häufig noch einen großen Ermessensspielraum haben, empfiehlt es sich, sehr frühzeitig mit der zuständigen Bauaufsichtsbehörde Kontakt aufzunehmen und bereits die Planung in Rücksprache mit der Behörde zu entwickeln. Zudem gibt es in jedem Bundesland auch noch Ausnahmeregelungen, so daß Sie auch dann, wenn Sie die eine oder andere Vorschrift nicht vollständig erfüllen können, das Gespräch mit der Bauaufsicht suchen sollten. Erst wenn die baurechtlichen Voraussetzungen geklärt sind, können Sie mit Ihrem Projekt beginnen.

Dachgeschosse

Für den Ausbau eines Dachgeschosses gelten nach der Bauordnung des Landes Baden-Württemberg (die anderen Bundesländer haben ähnliche, aber im Detail manchmal jedoch abweichende Bestimmungen) die folgenden Voraussetzungen:

Mindestraumhöhe

Aufenthaltsräume, die ganz oder überwiegend im Dachraum liegen, müssen über mindestens der Hälfte der Grundfläche eine lichte Höhe von mindestens 2,2 m haben. Allerdings werden bei der Berechnung der Grundfläche die Raumteile, deren Höhe unter 1,5 m liegt, nicht mitberechnet. Die anderen Bundesländer fordern zum Teil andere Raumhöhen und andere Berechnungsmethoden (z. B. Nordrhein-Westfalen: lichte Höhe 2,5 m über mindestens zwei Drittel der Grundfläche ab 1,6 m Raumhöhe).

Brandschutz

Die tragenden Bauteile unterhalb des Dachgeschosses müssen zudem den gleichen Feuerwiderstandswert aufweisen wie die Vollgeschosse. Dies sind je nach Gebäudehöhe die Feuerwiderstandsklassen 30 oder 90 nach DIN 4120. Auch Trennwände zu anders genutzten Räumen im Dachgeschoß müssen diesen Werten entsprechen. Bei freistehenden Wohngebäuden mit nur einer Wohnung in höchstens zwei Geschossen werden hier jedoch keine besonders aufwendigen Anforderungen gestellt.

Neben einer festen Treppe mit mindestens 80 cm Breite ist ein zweiter Rettungsweg erforderlich, z. B. ein Fenster von 60 cm Breite und 90 cm Höhe pro Nutzungseinheit. Voraussetzung ist, daß dieses Fenster durch das Rettungsgerät der örtlichen Feuerwehr erreicht werden kann.

Dachflächenfenster und Gauben

Der Einbau von Dachflächenfenstern (2) ist im Prinzip genehmigungsfrei, wenn sie zwischen den Sparren eingebaut werden. Für größere Fenster, die über mehrere Sparrenfelder reichen und den Einbau eines Wechsels erfordern, ist wegen des Eingriffs in die Statik des Daches eine Genehmigung erforderlich. Auch wenn Sie in einem denkmalgeschützten Haus wohnen, benötigen Sie zum Einbau von Dachflächenfenstern eine Genehmigung.

Abb. 2

Wenn Sie mit einer Gaube für Licht unterm Dach sorgen wollen, kommen Sie ebenfalls um einen entsprechenden Bauantrag nicht herum. Hier muß nicht nur die Statik stimmen, sondern die Veränderung am Dach muß meist zu der näheren Umgebung passen. Häufig sind auch Gestaltungssatzungen der Gemeinde zu berücksichtigen.

Kellergeschosse

Untergeschosse, das sind die Geschosse, deren Fußboden unterhalb der vorhandenen Geländeoberfläche liegt, benötigen beim Ausbau als Wohn- oder Aufenthaltsräume eine lichte Raumhöhe von mindestens 2,3 m. Außerdem muß eine ausreichende Belüftung und Belichtung mit Tageslicht gesichert sein. Das Gelände vor Fenstern muß mindestens mit 1 m Breite 1,6 m unter dem Deckenniveau des Raumes liegen und an der Fensterbrüstung einen Lichteinfallswinkel von höchstens 45° erlauben **(1)**. Diese Maße sind auch seitlich der Fenster einzuhalten.

Stellplatzverpflichtung

Beim Einbau einer zusätzlichen Wohnung muß meist auch ein neuer Pkw-Abstellplatz geschaffen werden. Hierzu können gegebenenfalls auch vorhandene Flächen vor Einzelgaragen oder auf einem Nachbargrundstück angegeben werden. In bestimmten Fällen kann auf

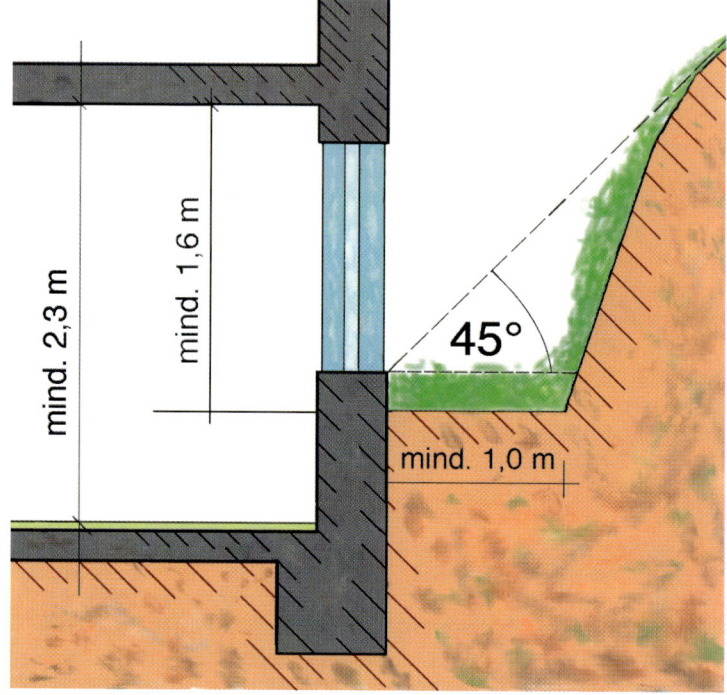

Abb. 1

die Stellplatzverpflichtung verzichtet werden (z. B. 57 Abs. 3 Nr. 2 LBO BW). Diese Fragen sollten Sie frühzeitig mit Ihrem Bauamt klären.

Bauplanung

Bei einem größeren Ausbauprojekt werden Sie nicht umhinkommen, einen Architekten oder Bauingenieur zu engagieren, der Ihre Vorstellungen Stück für Stück in Bauzeichnungen und einen entsprechenden Bauantrag umsetzt.
Neben der Aufteilung des Dachraumes in verschiedene Räume müssen Sie Anzahl, Position und Größe der einzelnen Fenster festlegen und, falls noch nicht vorhan-

den, eine Treppe nach oben führen. Auch das Verlegen von Wasser-, Abwasser- und Heizungsrohren sowie von Elektroleitungen will geplant sein. Berücksichtigen Sie bei der Planung auch die notwendige Wärmedämmung.
Wenn die Dämmschicht über den Sparren liegt, können Sie Felder zwischen den Sparren in die Raumgestaltung integrieren. Umgekehrt verlieren Sie durch eine Untersparrendämmung einen kleinen Teil des nutzbaren Raumvolumens.

Handwerker oder Selbermacher?

Am einfachsten ist es, wenn Sie die kompletten Bauarbeiten einem Spezialisten für

Ausbau- und Modernisierungsarbeiten übertragen. Diese Unternehmen beschäftigen meist Fachhandwerker für die verschiedenen Gewerke, so daß Sie eine schnelle und solide Ausführung erwarten können. Doch leider ist diese Lösung auch meist der teuerste Weg.

Preiswerter kann es werden, wenn Sie sich selbst Angebote der verschiedenen Handwerker einholen und die Arbeiten in eigener Regie verteilen. Hierbei müssen Sie allerdings mit einem relativ hohen Organisationsaufwand rechnen. Kleine Verzögerungen eines Gewerkes können Ihren Terminplan schnell durcheinanderbringen und möglicherweise unnötige Zusatzarbeiten erforderlich machen. Hinzu kommt, daß Sie als Laie mit der Abnahme der Arbeiten und der Überprüfung der Einzelrechnungen leicht überfordert sein können. Bei größeren Ausbauvorhaben empfiehlt es sich deshalb, einen Bauleiter der Ihre Interessen vertritt (z. B. einen Architekten), zu engagieren.

Gerade beim Dachgeschoß- und Innenausbau lassen sich aber auch viele Arbeiten von engagierten Bauherren selbst erledigen. Da fast alle Arbeiten unter einem geschlossenen Dach ausgeführt werden können, spielt die Witterung praktisch keine Rolle.

Zum einen können Sie sich durch Fachliteratur wie dieses Buch oder entsprechende Zeitschriften gezielt auf die Bauarbeiten vorbereiten. Etwas praktische Erfahrung im Umgang mit Werkzeugen

Abb. 2

und den verschiedenen Baumaterialien sollten Sie allerdings bereits gesammelt haben. Vielleicht helfen Sie zunächst bei anderen Selbermachern in Ihrem Ort mit oder besuchen entsprechende Praxiskurse, wie sie gelegentlich von Baumärkten oder Baustoffherstellern angeboten werden.

Schätzen Sie Ihre Zeit, die Sie für den Ausbau erübrigen können, und Ihre Fähigkeiten realistisch ein. Wenn Sie nicht gleich den ganzen Jahresurlaub investieren, werden Sie einen kompletten Dachgeschoßausbau kaum allein schaffen. Vielleicht haben Sie aber auch Freunde und Bekannte, die Ihnen helfen.

Arbeitsteilung

Lassen Sie komplizierte Arbeiten, bei denen Sie sich nicht auskennen, vom Fachmann erledigen. Überlegen Sie gegebenenfalls zusammen mit dem Handwerker, wo Sie ihm Arbeit abnehmen können, um die Lohnkosten niedrig zu halten. So ist z. B. das Anfertigen von Schlitzen für die Elektroinstallation ei-

ne Arbeit, die ein Bauherr gut selbst erbringen kann. Leihen Sie sich aber am besten das nötige Spezialwerkzeug **(2)** von Ihrem Elektriker. Das Verlegen der Leitungen und vor allem das fachgerechte Anschließen der Kabel sollten Sie dann aber dem Fachmann überlassen, der mit seiner Unterschrift gegenüber dem Elektrizitätsversorgungsunternehmen dafür bürgt, daß die Installation den Vorschriften entspricht. Auch komplizierte Zimmermannsarbeiten beim Einbau von Dachgauben sind eher etwas für den Profi. Den Einbau eines einfachen Dachflächenfensters dagegen kann ein begabter Heimwerker mit einem Helfer schaffen. Aber auch das Anbringen der Wärmedämmung, die Bekleidung der Schrägen mit Gipskartonplatten oder Profilbrettern sowie das Ziehen von Trennwänden sind beliebte Selbermachertätigkeiten. Wir wollen in diesem Buch die wichtigsten Arbeiten, die beim Dachgeschoß- und Innenausbau anfallen, zeigen und erläutern und Ihnen so eine Hilfestellung für die Eigenleistung bieten. Da wir aber nicht alle Probleme, die in Ihrem persönlichen Fall auftauchen werden, von vornherein klären können, sollten Sie im Zweifelsfall immer einen Fachmann zu Rate ziehen, der sich vor Ort die Sachlage anschaut und konkrete Lösungsvorschläge geben kann.

Unfallschutz und Versicherungen

Unfallgefahren

Wer baut oder ausbaut, begibt sich in Gefahrensituationen, die selbst für den Profi kaum übersehbar sind. Vor allem Arbeiten mit unbekannten Maschinen oder in größeren Höhen sind sehr gefährlich. Beachten Sie deshalb grundsätzlich die in den Bedienungsanleitungen und Verarbeitungsvorschriften angegebenen Sicherheitsregeln, und informieren Sie sich über die notwendigen Absturzsicherungen bei den Bauberufsgenossenschaften! Wer bei Dacharbeiten auf Gerüste, Fangnetze oder Sicherheitsleinen verzichtet, spielt mit seinem Leben. Auch unnötige Hektik und der Versuch, mangels geeigneter Werkzeuge oder Hilfsmittel zu improvisieren, führen häufig zu Unfällen. Leider sind auch Leichtsinn und die vorsätzliche Nichtbeachtung der einschlägigen Sicherheitsvorschriften die Ursache für schwere Unfälle auf dem Bau.

Versicherungsschutz

Da der Bauherr bei eigenen Arbeiten nicht nur Veranlasser der Baumaßnahme, sondern Unternehmer (im Versicherungsdeutsch baut er »in eigener Regie«) ist und vielleicht sogar andere gegen Entgelt oder auch unentgeltlich auf seiner Baustelle beschäftigt, muß er sich trotz aller Vorsichtsmaßnahmen

gegen Unfälle und Sachschäden versichern. Selbst bei kleineren Arbeiten sollten Sie zumindestens eine Unfallversicherung abschließen. Außerdem ist jeder Bauherr gesetzlich verpflichtet, Eigenbauarbeiten vorher der zuständigen Bauberufsgenossenschaft anzuzeigen. Dadurch besteht für Helfer zunächst einmal ein Unfallversicherungsschutz. Wenn es sich bei Ihrem Ausbau um ein Bauprojekt handelt, das steuerbegünstigt ist oder für das öffentliche Förderungsmittel gewährt werden, dann besteht eine beitragsfreie Versicherung bei der Gemeindeunfallversicherung, bei der Sie und Ihr Ehegatte versichert sind. Im anderen Fall müssen Sie sich und Ihre Angehörigen selber beitragspflichtig gegen die Unfallgefahren versichern. Zusätzlich zu den Pflichtversicherungen kann ein Bauherr für seine Helfer eine Gruppenunfallversicherung abschließen, die nach einem Unfall entsprechend der vereinbarten Versicherungssumme eine einmalige Kapitalleistung erbringt. Die Pflichtversicherung übernimmt nämlich nur die Kosten des Heilverfahrens, Rehabilitationsmaßnahmen oder eine Rente. Neben der Unfallversicherung ist für alle Bauherren die Bauherrenhaftpflicht wichtig. Sie deckt Personen- und Sachschäden ab, die auf der Baustelle oder durch die Arbeiten auf dem Bau entstehen, aber sonst nichts mit dem Bau zu tun haben. Auch wenn bei einem Innenausbau die Gefahr schwerwie-

gender Unfallschäden geringer ist als beim Rohbau, sollten Sie die 300 – 400 DM für die Prämie schon zu Ihrer eigenen Absicherung investieren.

Einkauf

Wenn Sie die Ausbauarbeiten von einem Handwerker erledigen lassen oder zusammen mit dem Handwerker ausführen, wird dieser in der Regel auch das benötigte Baumaterial liefern. Anders ist es, wenn Sie selber Hand anlegen wollen. Dann müssen Sie sich zuerst um die Beschaffung der Baustoffe und -materialien kümmern (1). Intensive Preisvergleiche beim Baustoffhandel, bei Bau- und Heimwerkermärkten und Handwerkern können helfen, die Materialkosten gering zu halten. Doch denken Sie auch an die Transport- und Nebenkosten. Die eigentlich preisgünstigen Gipskartonplatten aus dem 25 km entfernten Baumarkt können am Schluß sehr viel teurer kommen, wenn Sie extra noch einen Lieferwagen für den Transport der Platten anmieten müssen. Beachten Sie bei Ihren Preisvergleichen auch die Qualitätsunterschiede zwischen billigen No-name-Produkten und hochwertiger Markenware. Im eigenen Heim lohnt es sich kaum, an der Qualität zu sparen. Möglicherweise hält die billige Waschtischarmatur nur 5 Jahre und kann dann mangels Ersatzteilen nicht mehr repariert werden, während die gut doppelt so

Abb. 1

Abb. 2

Abb. 3

teure Markenarmatur sicher 15 bis 20 Jahre ihren Dienst tut und durch die garantierte Ersatzteilversorgung des Herstellers nicht gleich beim ersten Schaden auf den Müll muß. Achten Sie beim Einkauf auch auf umweltfreundliche Produkte. Schließlich wollen Sie ja in den ausgebauten Räumen leben. Umweltzeichen wie der »Blaue Engel« **(2)** helfen bei der Auswahl, auch wenn sie keine Garantie für schadstofffreie Produkte sind und den Markt verwirren. Gerade die alternativen Produkte, die von Haus aus umweltfreundlich sind **(3)**, tragen meist keinen »Blauen Engel«, der nur Produkte kennzeichnet, deren Umweltverträglichkeit verbessert wurde.

Ablaufplanung

Auch wenn der Dachgeschoß- und Innenausbau im allgemeinen unter einem geschlossenen Dach ausgeführt werden kann, sollten Sie berücksichtigen, daß manche Arbeiten, wie das Eindecken des Daches und das Öffnen zum Einbau von Gauben und Dachflächenfenstern, am besten im Sommer ausgeführt werden. Auch den zeitlichen Ablauf der einzelnen Gewerke sollten Sie von vornherein genauestens festlegen. Führen Sie zuerst die notwendigen Reparaturen am Dach durch. Dann können Gauben oder Dachflächenfenster eingebaut und auch Fenster in den

Giebelwänden gesetzt werden. Das Verlegen von Elektroleitungen, Wasser-, Abwasser- und Heizungsrohren bereitet zu diesem Zeitpunkt die wenigsten Probleme. Dann kann mit der Dämmung begonnen werden, wenn sie nicht bereits als Außendämmung bei einem Neueindecken des Daches angebracht wurde. Die Trennwände setzen Sie erst, wenn die Schrägen gedämmt und bekleidet sind. Weiter geht's dann mit dem Einbau von Treppen und Türen sowie der Raumgestaltung mit Fußbodenbelag, Fliesen, Farben und Tapeten.

Werkzeug

Grundausstattung

Wer beim Dach- oder Innenausbau selbst anpacken will,
benötigt Werkzeuge, die die
Arbeit erleichtern oder häufig
auch erst ermöglichen. Grund-
voraussetzung sollte ein
Werkzeugkasten mit den gängigsten Handwerkzeugen
sein. Neben Hammer, Zange,
verschiedenen Schrauben-
drehern und -schlüsseln werden bei Holzarbeiten vor allem
Handsägen, Stechbeitel und
Raspel benötigt. Zum Fliesenlegen braucht man Zahn-
spachtel, Fuggummi und
Schwamm. Auch ohne Lot
und Wasserwaage kommt
man auf dem Bau nicht aus.
Und wenn Sie sich an die
Sanitärinstallation wagen,
sollten Werkzeuge für die
Metallbearbeitung zur Verfügung stehen.

Elektrowerkzeuge

Bohrer

Neben den klassischen Handwerkzeugen sollten Sie für
umfangreichere Ausbauarbeiten auch auf Elektrowerkzeu-
ge zurückgreifen können.
Die Schlagbohrmaschine **(1)**
ist schon fast unverzichtbar.
Mit etwa 500 bis 600 Watt
Leistungsaufnahme, Elektro-
nik und Rechts-Links-Lauf
eignet sie sich für die meisten Bohrarbeiten in Holz,
Metall, Stein oder Beton.
Außerdem kann sie natürlich
auch zum Schrauben einge-
setzt werden.
Wer viel in Beton bohren
muß, sollte statt zur Schlag-

Abb. 1

Abb. 4

Abb. 2

Abb. 5

Abb. 3

Abb. 6

bohrmaschine gleich zu
einem kleinen Bohrhammer
(2) greifen, der sich mit seinem elektropneumatischem
Schlagwerk schneller durch
den Beton frißt. Ebenso wie
die Schlagbohrmaschine
kann auch der Bohrhammer
zum Eindrehen von Schrau-
ben benutzt werden. Gerade

beim Dach- und Innenausbau
fallen so viele Schraubarbei-
ten an, daß sich ein zusätzli-
cher Akkuschrauber mit 7,2-
bis 12-Volt-Wechselakkus **(3)**
schnell bezahlt macht. Das
Arbeiten mit 2 Geräten –
Schlagbohrmaschine zum
Bohren und Akkuschrauber
zum Schrauben – erspart

nen. Eine Anschlußmöglichkeit für einen leistungsfähigen Werkstattstaubsauger sollte bei diesen Geräten ebenfalls nicht fehlen. Zum Zuschneiden größerer Plattenwerkstoffe ist es sinnvoll, wenn Sie die Handkreissäge auf eine Führungsschiene (5) setzen können.

Als praktische Universalsägen fürs Grobe haben sich neuerdings Elektrofuchsschwänze (6) oder die Alligatorsäge (7) erwiesen. Sie sägen nicht nur Holz und Kunststoff, sondern eignen sich auch zum Zuschneiden von Porenbetonsteinen und sogar für porosierte Ziegel (Alligator) oder zum wandbündigen Absägen von Metallrohren (Elektrofuchsschwanz). Wer die Dachschrägen oder Wände und Decken mit Holz bekleiden will, sollte auch an die Anschaffung einer geeigneten Kapp- und Gehrungssäge (8) denken, entweder als einzelne Säge zum Aufstellen auf einem Werktisch oder in Kombination mit einer leistungsfähigen Tischkreissäge.

Abb. 7

Abb. 8

Abb. 9

den laufenden Werkzeugwechsel und sorgt so für zügigeres Arbeiten. Außerdem läßt sich ein handlicher Akkuschrauber mit Drehmomentvorwahl und Tiefenanschlag beim Schrauben besser, d. h. zielsicher und kraftsparend einsetzen als eine große Schlagbohrmaschine.

Sägen
Bei den Sägen sollten Handkreissäge und Stichsäge (4) zur Grundausstattung jedes besseren Heimwerkers gehören. Achten Sie darauf, daß die Schnittiefe mindestens 55 – 60 mm beträgt, damit Sie auch mal eine Dachlatte hochkant durchsägen kön-

Schleifwerkzeuge
Für die Oberflächenbearbeitung von Holz, alten Anstrichen oder auch Metall sollten ein oder zwei leistungsfähige Schleifgeräte zur Verfügung stehen. Der Bandschleifer (9) sorgt mit seinem laufenden Schleifband für besonders hohen Materialabtrag bei nur durchschnittlicher Oberflächenqualität. Er eignet sich deshalb vor allem für Renovierungsaufgaben und den Vorschliff. Wenn beste Oberflächenqualität gefragt ist, hilft der

Abb. 10

Abb. 11

Abb. 12

Schwingschleifer **(10)**, der mit entsprechenden Vorsätzen sogar in schwer zugängliche Innenecken gelangen kann. Besonders empfehlenswert sind die Exzenterschleifer **(11)**, die durch ihre gleichzeitige Dreh- und Schwingbewegung für hohen Materialabtrag bei guter Oberflächenqualität sorgen.

Spezialwerkzeuge
Holzbekleidungen können Sie zwar fachgerecht mit einem Handnagler anbringen. Wesentlich schneller geht es jedoch mit einem Elektrotacker **(12)**, der Klammern oder Nägel verschießt.
Je nach Art und Umfang der Ausbauarbeiten müssen Sie eventuell noch weitere Spezialwerkzeuge einsetzen. Allerdings lohnt sich der Kauf von Elektrowerkzeugen oder Spezialgeräten wie einer Parkettschleifmaschine **(13)** nicht, wenn sie nur einmal benutzt werden. Fragen Sie im Baumarkt, beim Werkzeugverleih oder auch beim nächsten Handwerker nach Mietwerkzeugen, oder achten Sie auf Gebrauchtangebote von Elektrowerkzeugen in der Tageszeitung, denn manchmal ist die Anschaffung eines ge-

brauchten Profiwerkzeuges, das man nach getaner Arbeit wieder verkauft, billiger.

Finanzierung

Häufig werden beim Neubau alle Vorbereitungen für die Erweiterung des Wohnraums getroffen, der Ausbau jedoch mangels Kapital auf später verschoben. Wenn sich die finanzielle Situation etwas entspannt hat, kann der Ausbau nachgeholt werden. Dennoch sollten Sie einige Dinge bei der Finanzierung Ihres Ausbaus beachten. Wenn Sie sich mit den Arbeiten Zeit lassen können, kaufen Sie nur jeweils so viel Material, wie Geld zur Verfügung steht. So sparen Sie die Kosten für teure Kredite. Dieses Verfahren kann jedoch schnell zu unfreiwilligen Zwangspausen führen. Sinnvoller ist es, einen Kosten- und Finanzierungsplan aufzustellen, der einen zügigen Materialnachschub sowie die Bezahlung der Handwerkerlöhne sichert. Durch die Schaffung neuen Wohnraums erhöht sich der Wert Ihres Hauses. Möglicherwei-

se kann Ihre Bank eine vorhandene Hypothek erhöhen oder für einen neuen Kredit nutzen. Damit Sie bei größeren Bauvorhaben den Überblick behalten, lohnt sich das Anlegen eines gesonderten Baukontos, von dem aus alle mit dem Bau zusammenhängenden Zahlungen getätigt werden. Dies erleichtert auch den Nachweis der Baukosten gegenüber dem Finanzamt, denn auch beim nachträglichen Dachausbau lassen sich in bestimmten Fällen die Baukosten als Sonderausgaben steuersenkend geltend machen.

Steuerersparnis

Wenn Sie in den Genuß des 10e des Einkommensteuergesetzes fallen (Ledige bis 120.000 DM Jahreseinkommen, Verheiratete bis 240.000 DM) können Sie als Bauherr oder Käufer bei selbstgenutztem Wohnraum 8 Jahre lang 5 % (in den ersten 4 Jahren jetzt auch 6 %) der Herstellungs- und Anschaffungskosten bis zur Höchstgrenze von 330.000 DM (einschließlich dem halben Grundstücks-

Abb. 13

preis; beim Kauf von Altbauten bis 150.000 DM) in der Steuererklärung als Sonderausgaben geltend machen. Wer die Summe voll ausnutzt, braucht 8 Jahre lang 16.500 DM pro Jahr weniger zu versteuern. Zusätzlich werden pro Kind und Jahr 1.000 DM gewährt, die direkt von der Steuerschuld abgezogen werden.
Diese Steuerbegünstigung kann jeder Steuerpflichtige nur einmal nutzen. Ehegatten erhalten die Förderung jedoch für 2 Wohnungen oder Einfamilienhäuser. Diese Regelung können Sie sich auch beim nachträglichen Dach-

ausbau zunutze machen. Wenn Ihr Ehepartner noch keine 7b- oder 10e-Abschreibung vorgenommen hat und zwischen dem Kauf oder Bau des Hauses und dem Dachausbau ein längerer Zeitraum liegt, können die Kosten für den Ausbau nach Ablauf des ersten Begünstigungszeitraumes von 8 Jahren wieder neu als Sonderausgaben abgezogen werden. Auch wenn der nachträgliche Ausbau die Höchstgrenze von 330.000 DM wohl kaum erreicht, lohnt sich die steuerliche Berücksichtigung vor allem für kinderreiche Familien, weil auch jetzt wieder

8 Jahre lang 1.000 DM Baukindergeld pro Kind von der Steuer abgezogen werden. Beispiel: Baut ein Familienvater (3 Kinder) 8 Jahre nach dem Einzug Wohnräume unters Dach und hat er bei hohen Eigenleistungen nur Baukosten von 20.000 DM, so können davon 8 Jahre lang 5 %, insgesamt 8.000 DM, als Sonderausgaben abgezogen werden. Bei einem Spitzensteuersatz von 35 % sind das 2.800 DM Steuerersparnis. Hinzu kämen bis zu 24.000 DM Baukindergeld. Die maximale Steuerersparnis ist aber auf die Höhe der Baukosten beschränkt.

Dachausbau

Abb. 1

Abb. 5

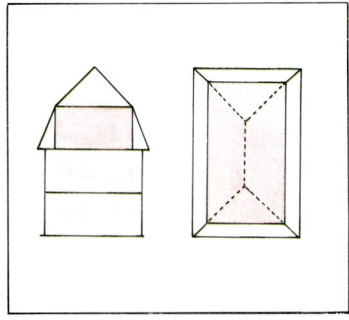

Abb. 7

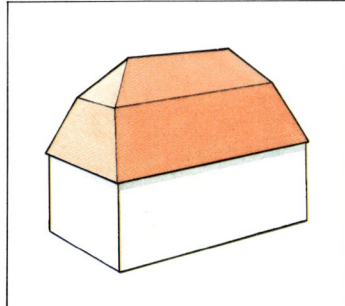

Abb. 2

Abb. 6

Dachformen

Schon rein äußerlich lassen sich verschiedene Dachformen unterscheiden. Am häufigsten ist das Satteldach **(1)** mit 2 gleich großen Schrägen zu finden. Je steiler das Dach ist, um so größer wird die für den Ausbau nutzbare Fläche. Dachschrägen zwischen 35 und 55° bieten die besten Voraussetzungen für einen Dachausbau. Aber selbst ein relativ flaches Dach mit weniger als 35° Neigung läßt sich dann noch ausbauen, wenn ein Kniestock (Drempel) **(2)** für zusätzliche Raumhöhe sorgt.
Beim Walmdach **(3)** wird der Dachraum durch die 4 Schrägen stark eingeschränkt **(4)**. Bei entsprechender Dachneigung und großer Grundfläche gibt es auch hier reizvolle Gestaltungsmöglichkeiten. Das Krüppelwalmdach **(5)** ist eine Zwischenform. Die Ausbaumöglichkeiten entsprechen denen des Satteldaches. Beim Mansardendach **(6)** mit zweistufiger Dachneigung ergibt sich ein günstiges Verhältnis von Grundfläche zum Raumvolumen **(7)**. Hier läßt sich ein Dachausbau mit 2 Ebenen am einfachsten realisieren.

Abb. 3

Dacharten und Dachkonstruktionen

Wenn wir im folgenden von Dachausbau reden, meinen wir immer den Ausbau des Raumes unter einem Steildach.
Natürlich kann man auch ein Flachdach sehr schön ausbauen. Da käme beispielsweise eine liebevoll begrünte Dachterrasse in Frage, man kann auch ein Vollstockwerk aufstocken oder anstatt des Flachdachs ein komplettes Steildach errichten. Doch das würde den Rahmen dieses Buches nun wirklich sprengen. Wir wollen uns hier deshalb auf den Ausbau eines vorhandenen Steildaches beschränken.

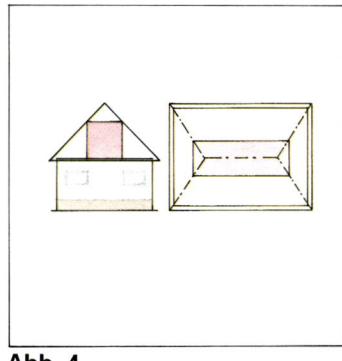

Abb. 4

Dachkonstruktion

Je nach Dachkonstruktion kann der ganze Dachraum zum Ausbau frei zur Verfügung stehen oder durch Pfosten, Streben oder Kehlbalken eingeschränkt sein. Während beim Pfettendach **(8)** die Stützpfosten die freie Raumplanung beeinträchtigen, steht beim Sparrendach **(9)** der ganze Innenraum für den Ausbau zu Verfügung. Beim Kehlbalkendach **(10)** können die waagerecht verlaufenden Kehlbalken einen Ausbau verhindern, wenn die zur Verfügung stehende Raumhöhe darunter nicht ausreicht. Bei genügender Höhe können sie aber auch gleich als Bodenunterkonstruktion für eine Empore genutzt werden.
Beachten Sie unbedingt, daß Stützen und Pfosten **(11)** im Dach immer eine konstruktive Funktion haben, auch wenn dies von einem Laien nicht sofort erkennbar ist. Jede Änderung ist ein schwerwiegender Eingriff in die Statik des Daches und sollte nur vom Fachmann vorgenommen werden.

Dachdeckung und Dachzustand

Bevor Sie mit den Ausbauarbeiten unterm Dach beginnen, sollten Sie den Zustand Ihres Daches genau unter die Lupe nehmen. Mögliche Schäden kann man am noch nicht ausgebauten Dach am leichtesten erkennen, und eventuell notwendige Reparaturen sind jetzt noch einfa-

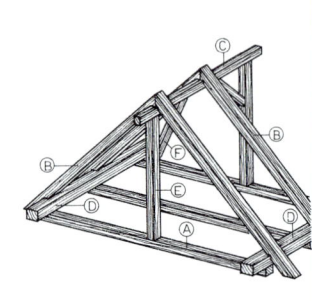

Pfettendach

A Deckenbalken
B Sparren
C Firstpfette
D Fußpfette
E Pfosten
F Kopfband

Abb. 8

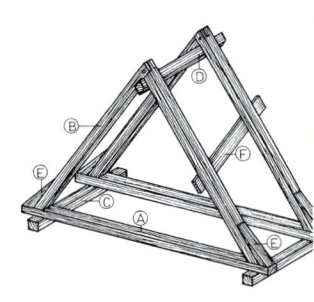

Sparrendach

A Deckenbalken
B Sparren
C Mauerlatte
D Firstlatte
E Aufschiebling
F Windrispe

Abb. 9

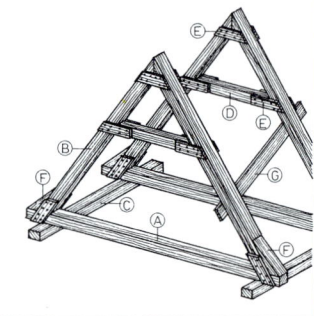

Kehlbalkendach

A Deckenbalken
B Sparren
C Mauerlatte
D Kehlbalken
E Laschen
F Aufschiebling
G Windrispe

Abb. 10

cher zu erledigen als später, wenn die Dachschräge von innen gedämmt und bekleidet ist. Nehmen Sie ruhig bei älteren Dächern den geplanten Ausbau zum Anlaß, das demnächst fällige Neueindecken des Daches jetzt durchzuführen. Dann können auch die Dachabdichtungen

dem aktuellen Stand der Technik angepaßt werden. Möglicherweise können Sie das Neudecken auch gleich mit einer Außendämmung **(12)** verbinden.

Abb. 11

Abb. 12

Abb. 13

Abb.14

Gegenstand (zur Not reicht sogar der Fingernagel) über das Holz. Verfaultes Holz gibt sofort nach und läßt sich leicht abkratzen.

Dämmung

Wenn das Dach bereits gedämmt ist, muß auch der Zustand der Dämmung überprüft werden **(13)**. Wenn Sie im Sommer ein heißes Barackenklima unterm Dach haben, sollte die Dämmung vor dem Ausbau verbessert werden. Überprüfen Sie die Dicke der Dämmschicht, und vergleichen Sie sie mit den heutigen Anforderungen im Neubau (siehe Seite 24). Wenn Feuchtigkeit in die Dämmschicht eindringt, verliert diese ihre Wirkung. Deshalb muß an solchen Stellen das Dach abgedichtet und die durchfeuchtete Dämmung **(14)** ausgewechselt werden. Stockflecken oder Schimmelpilze, die vor allem im Winter auftauchen können, sind meist ein Zeichen für mangelnde Abdichtung gegen Feuchtigkeit oder eine beschädigte Wärmedämmung.

Dachschäden

Überprüfen Sie den Zustand der Dachziegel: Haben einzelne Ziegel Risse, oder sind gar Teile abgesprungen? Hat sich an den Nasen, mit denen die Ziegel auf den Dachlatten aufgehängt sind, bereits Salpeter gebildet? Dies ist leicht an den puderzuckerähnlichen Ausblühungen erkennbar.

Dichtigkeit

Prüfen Sie als erstes, ob das Dach dicht ist. Moderne Dächer haben heute eine Unterspannbahn unter den Ziegeln, die verhindern soll, daß der Wind Regenwasser oder Flugschnee in den Dachraum drückt und entstehendes Kondenswasser problemlos nach unten ablaufen kann. Diese Unterspannbahn, meist eine Kunststoff-Gitterfolie, darf aber den Dachraum nicht hermetisch abriegeln, sondern muß durch besondere Lüftungsöffnungen im Trauf- und Firstbereich eine ausreichende Hinterlüftung des Daches gewährleisten.
Alte Dächer, die eine solche Unterspannbahn noch nicht

haben, müssen also besonders auf Dichtigkeit überprüft werden.
Wenn Sie bei Sonnenschein zwischen den Ziegeln hindurch nach draußen blicken können, dann werden vermutlich auch Schlagregen oder Flugschnee leicht eindringen. Nach einem Sturm oder Gewitterguß können Sie dann möglicherweise feuchte Stellen auf dem Dachboden finden. Spuren von eingedrungenem Wasser kann man auch als Tropfstellen an Dachlatten und Sparren erkennen, die im Extremfall angefault und möglicherweise sogar schon zerstört sein können. Machen Sie an verdächtigen Stellen einfach mal die Nagelprobe: Ritzen Sie mit einem spitzen

Wie ist der Zustand der Einblechungen an Erkern, Lüftungsrohren und Schornsteinen? Sind links und rechts der Aufbauten in Wasserlaufrichtung dunkelbraune, schwarze oder graue Streifen erkennbar, deutet dies z. B. auf verrostete Anschlußbleche hin.

Schäden am Schornstein können Sie jetzt noch leichter erkennen als beim ausgebauten Dach. Sind die Anschlüsse zum Dach dicht? Besteht die Gefahr der Versottung durch die geringere Abgastemperatur eines modernen Heizkessels, dann muß möglicherweise ein Rohr mit einem geringeren Querschnitt eingezogen werden.

Kontrollieren Sie auch die Dachrinne. Sie kann durch Dachlawinen beschädigt oder an den Lötstellen undicht sein. Wenn sie nicht genügend Gefälle hat, setzt sich Schmutz leichter ab, und es bilden sich »Wassernester«.

Beheben Sie alle genannten Mängel vor Ihrem Ausbau. Später kann die Reparatur viel teurer werden.

Holzschädlinge

Vor allem alte Dächer, die noch nicht mit chemischen Holzschutzmitteln behandelt wurden, können auch von Insekten befallen sein. Deshalb sollten vor dem Dachausbau alle Holzteile genauestens auf Spuren von Holzschädlingen überprüft werden. Wenn Sie an Holzteilen runde oder ovale Löcher feststellen oder frisches Holzmehl auf dem Boden finden,

Abb. 1

sollten Sie unbedingt einen Fachmann rufen, der den Schaden genau beurteilen und Sanierungsmaßnahmen empfehlen kann. Neben der heute immer noch üblichen Bekämpfung der Schädlinge mit chemischen Holzschutzmitteln kann eventuell auch eine umweltfreundlichere Heißluftbehandlung in Frage kommen. Dazu wird der ganze Dachraum mehrere Stunden lang auf eine Temperatur von etwa 90° Celsius aufgeheizt. Erst wenn die Temperatur im Kern des dicksten Balkens 60° Celsius erreicht hat, kann man davon ausgehen, daß alle Schädlingslarven abgetötet sind.

Holzschutz

Chemischer Holzschutz soll den Befall des Dachstuhls und anderer tragender Hölzer mit Holzschädlingen verhindern. Länderbauordnungen und die DIN 68 800, Teil 3, schreiben grundsätzlich die Behandlung tragender Bauteile mit bauaufsichtlich zugelassenen Holzschutzmitteln (Prüfzeichen des Instituts für Bautechnik (1)) vor,

Abb. 2

Abb. 3

es sei denn, das Holz ist in Innenräumen allseitig bekleidet bzw. jederzeit offen kontrollierbar, oder es entspricht bestimmten Resistenzklassen. Bei Neubauten der letzten Jahre ist die Behandlung mit Holzschutzmitteln in der Regel bereits erfolgt. Welche Mittel dies waren, läßt sich im nachhinein vom Laien meist nur schwer feststellen. Dennoch sollten Sie beim Kauf eines Hauses den Vorbesitzer fragen, wann und mit welchen Mitteln das Holz geschützt wurde. Vielleicht geht dies auch aus einer alten Handwerkerrechnung hervor, oder es existiert sogar noch ein Kanister mit Resten des Holzschutzmittels. Bei sorgfältiger Anwendung der hochgiftigen

Abb. 4

Abb. 5

Holzschutzmittel ist die Gefahr der gesundheitlichen Beeinträchtigung zwar gering, aber nicht ganz auszuschließen. Auf keinen Fall sollten Sie heute noch Reste von Holzschutzmitteln, die Lindan oder PCP enthalten, verstreichen.
Bei älteren Gebäuden, die vielleicht sogar mit Holzschädlingen wie dem Holzbock (**2** und **3**) oder der Holzwespe (**4** und **5**) befallen sind, sollten Sie nach der Bekämpfung des Schadens vorbeugend zu einem chemischen Holzschutz greifen, um eine weitere Zerstörung des Holzes zu verhindern.
Für nichttragende Bauteile werden wirkstoffhaltige Holzschutzmittel mit RAL-Prüfzeichen angeboten (**6**). Aller-

Abb. 6

dings können Sie hier auch besser ganz auf Holzschutzmittel verzichten und sich auf den konstruktiven Holzschutz beschränken. Vermeiden Sie waagerechte Holzflächen, sorgen Sie für eine ausreichende Hinterlüftung von Holzbekleidungen, und bilden Sie Unterkanten als Tropfkanten aus, die ein Ablaufen von Kondenswasser erleichtern. Nehmen Sie anstelle möglicher gesundheitlicher Beeinträchtigungen durch chemische Holzschutzmittel lieber in Kauf, nach 5 oder 15 Jahren notfalls die Holzbekleidung im Badezimmer auswechseln zu müssen.

Wärmedämmung

Die Wärmedämmung dient der sinnvollen Einsparung von Energie und soll für ein gemütliches und gesundes Raumklima sorgen. Vor allem bei der dünnen Dachhaut sind deshalb zusätzliche Dämmaßnahmen für einen Dachausbau notwendig (Ausnahme: Massivdach, zum Beispiel aus Porenbeton oder aus porosierten Ziegelsteinen (**2**)).

Wärme besitzt die natürliche Eigenschaft, immer zur kalten Seite zu wandern: im Winter von innen nach außen und im Sommer von außen nach innen. Dies geschieht so lange, bis auf beiden Seiten des Baukörpers ein Temperaturausgleich hergestellt ist. Durch eine Dämmung der Wand oder in unserem Fall der Dachschräge können Sie die unerwünschten Transmissionswärmeverluste zwar ganz schön verringern, aber niemals ganz verhindern. Hinzu kommen noch Lüftungswärmeverluste durch Fugen, offene Fenster oder Lüftungsöffnungen.

k-Wert

Zur Bestimmung der Dämmeigenschaften eines Bauteils und auch zur Berechnung des Gebäudewärmebedarfs wurde der k-Wert (Wärmedurchgangskoeffizient in W/m^2K) entwickelt. Mit dem k-Wert werden die Transmissionswärmeverluste durch die Außenbauteile erfaßt. Je kleiner der k-Wert, um so besser ist der Wärmeschutz und um so geringer werden auch die Heizkosten sein. Um den k-Wert für ein gesamtes Bauteil wie z. B. das Dach zu beurteilen, müssen die Wärmeleitfähigkeit und die Dicke der einzelnen Baustoffe genau berechnet werden. Außerdem müssen auch vorhandene Wärme- oder Kältebrücken, z. B. durch Fenster oder mangelnde Ausführung der Dämmung, in die Beurteilung mit einbezogen werden.

Die Wärmeschutzverordnung fordert bei Neubauten einen k-Wert von 0,30 im Dachbereich. Bei nachträglicher Dämmung von Altbauten genügt ein k-Wert von 0,45. Mit Blick auf die künftigen Heizkosten und unsere Umwelt empfiehlt sich jedoch auch hier, mindestens den k-Wert von 0,30 einzuhalten. Die Wärmeleitfähigkeitsgruppe des Dämmstoffs und die gewünschte Dämmwirkung bestimmen die Dicke der jeweils notwendigen Dämmschicht.

Die Wärmeleitfähigkeitsgruppe (WLG) ist in Zahlen wie 020, 030 oder 040 **(1)** angegeben. Je kleiner diese Zahl ist, desto besser sind die Dämmeigenschaften des Materials. In der untenstehenden Tabelle können Sie die

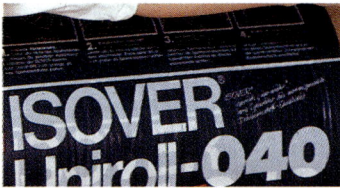
Abb. 1

Dicke der Dämmschichten bei verschiedenen Materialien ablesen, die jeweils für den gewünschten k-Wert erforderlich ist. Sie kann durch Kombination mehrerer Dämmschichten (z. B. Aufsparrendämmung mit Zwischensparrendämmung) verringert werden. Bei den am häufigsten verwendeten Materialien wie Styropor-Hartschaum-, Glasoder Steinwolleplatten wird man, um einen k-Wert von 0,30 zu erreichen, in der Regel eine 140 mm dicke Dämmschicht einplanen.

Wie Sie mit welchem Material dämmen				
Hersteller/ Vertrieb/ Markenname	Dämmstoffart	WLG[1]	notwendige Dicken zur Einhaltung der WVO[2]	
			k-Wert $\leq 0,45$	k-Wert $\leq 0,30$
Bauder	PUR[3] 020 S Aufsparren-Dämmung	020	– [4]	60 mm
Endele	Hartschaum-Dämmkeile	025	80 mm	100 mm
G + H Isover	Rollisol SB Glasfaserfilz	040	100 mm	160 mm
G + H Isover	DP/S Aufsparren-Dämmung	040	80 mm	120 mm
Gärtner	Backkorkplatten	045	100 mm[5]	140 mm[5]
Rockwool	Steinwollkeile	040	100 mm	140 mm
Styropor	PS[6] Hartschaum	040	80 mm	125 mm
Tektotherm	PUR Hartschaum	020	50 mm	63 mm
Thermodach	Temda protect	040	40 mm[8]	40 mm[9]
Thermodach	Temda perfect	040	80 mm	100 mm[10]
TIW	PUR-Hartschaum[7]	025	60 mm[5]	80 mm[5]

[1] Wärmeleitfähigkeitsgruppe, [2] Wärmeschutzverordnung, [3] Polyurethan, [4] keine dünneren Elemente angeboten, [5] einschließlich Holzverkleidung, [6] Polystyrol, [7] mit Weichschaumrand, [8] bei 50 mm Zwischen-Sparren-Dämmung (ZSD), [9] bei 80 mm ZSD, [10] bei 20 mm ZSD. Alle Angaben laut Herstellerinformationen.

Mineralfaserdämmstoffe

Häufig werden Mineralfaserplatten aus Glas- oder Steinwolle eingesetzt. Die feinen
Fasern pieken auf der Haut.
Ziehen Sie deshalb zum Dämmen langärmelige Kleidung
und Schutzhandschuhe an,
und steigen Sie abends zuerst unter die kalte Dusche,
um die Fasern abzuspülen,
bevor Sie warm duschen.
Mineralfaserdämmstoffe stehen im Verdacht, ähnlich wie
Asbest, Krebs zu erregen.
Die Industrie hält dem entgegen, daß Mineralfasern deut-
lich größer sind als Asbest-
fasern und es deshalb nicht
zu einer vergleichbaren Wirkung auf den Menschen
komme. Dennoch sollten Sie
beim Verarbeiten den Raum
gut lüften und Feinstaub vermeiden, gegebenenfalls eine
Feinstaubmaske P2 tragen
(2). Beachten Sie, daß Mineralfaserdämmstoffe so eingebaut werden müssen, daß
kein Luftaustausch mit dem
Innenraum stattfindet. Dies
erreichen Sie durch eine
raumseitige Dampfsperre,
die auch an den Anschlüssen
luftdicht ausgeführt sein
muß.

Hartschaumplatten

Der bekannteste Hartschaum
ist Styropor; er wird entgegen vielen Behauptungen
ohne FCKW hergestellt. PUR
(Polyurethan) jedoch erforder-
te in der Vergangenheit den
Einsatz von FCKW. Hart-
schaumplatten lassen sich
auch mit Nut und Feder her-
stellen und beim Dämmen
winddicht zusammenschie-

Abb. 2

Abb. 3

Abb. 4

ben. Da das Material praktisch undurchlässig für Luft
und Wasserdampf ist, kann
die sonst als Dampfbremse
notwendige Kunststoff- oder
Alufolie meist entfallen. Es
gibt im Baustoffhandel auch
Hartschaumplatten, die bereits mit einer Aluminium-
folie kaschiert sind.

Alternative Dämmstoffe

Alternative Dämmaterialien
für die Dachschräge sind
Korkplatten (3), die aus Portu-
gal kommen, oder Zellstoff-
und Papierschnipsel, die in
einen luftdichten Hohlraum
zwischen Dachziegeln und
Innenwand geblasen werden.
Die Verarbeitung beider Produkte ist für den Bauherren
jedoch etwas problematisch
und sollte deshalb dem Fachmann überlassen werden.

Dampfsperre

Denken Sie aber auch an
den Feuchtigkeitsschutz der
Dämmung. Viele Dämmate-
rialien verlieren nämlich ihre
Wirkung, wenn sie naß werden. Bei den meisten Kon-
struktionen ist auf der Raum-
seite der Dämmschicht eine
Dampfsperre notwendig,
die verhindern soll, daß die
in der warmen Raumluft ent-
haltene Feuchtigkeit durch
die Wand diffundiert und in
der Dämmschicht konden-
siert. Das Kondenswasser
würde die Wirkung der
Dämmschicht verschlechtern
und den Kondensationspro-
zeß weiter erhöhen. Die Fol-
ge: Wärmeverluste und lang-
fristig Bauschäden in der
Dachkonstruktion.
Als Dampfsperre verlegt
man meist eine Kunststoff-
folie (PE-Folie 0,2 mm) unter
der Schräge. Die Alternative
zum Kunststoff ist Alufolie.
Dämmstoffbahnen mit be-
reits aufkaschierter Alufolie
(4) erfordern besondere Sorg-
falt: Wenn nicht jedes Sparrenfeld sauber abgedichtet

oder zusätzlich doch noch eine vollflächige PE-Folie angebracht wird, sind Bauschäden vorprogrammiert! Damit auch von außen kein Wasser in die Dämmschicht eindringen kann, werden heute bei neuen Dächern Unterspannbahnen benutzt. Außerdem sorgt eine Hinterlüftung zwischen Dämmschicht und Unterspannbahn für schnelles Abtrocknen doch einmal eingedrungener Feuchtigkeit **(5** und **6)**.

Denken Sie beim Dämmen eines Dachgeschosses daran, daß der bewohnte Raum rundherum mit Dämmstoff eingepackt werden sollte **(7)**. Der Wärmemantel sollte jedoch ungenutzte Räume wie Spitzboden oder Abseiten nicht mit einbeziehen, da diese dann im Winter sonst mit beheizt werden müßten und somit unnötig Energie verloren ginge. In der nicht gedämmten Abseite müssen Sie dann aber Dämmstoffplatten auf dem Fußboden aufbringen **(8)**, weil sonst eine Wärmebrücke zwischen dem Dach und den darunterliegenden Wohnräumen entsteht.

Dämmarten

Grundsätzlich sind drei Möglichkeiten für die Dämmung von Dachschrägen zu unterscheiden:
- Aufsparrendämmung
- Zwischensparrendämmung
- Untersparrendämmung

Wer sein Dach nachträglich ausbauen möchte, der sollte nicht auf die Aufsparrendämmung zurückgreifen, denn da-

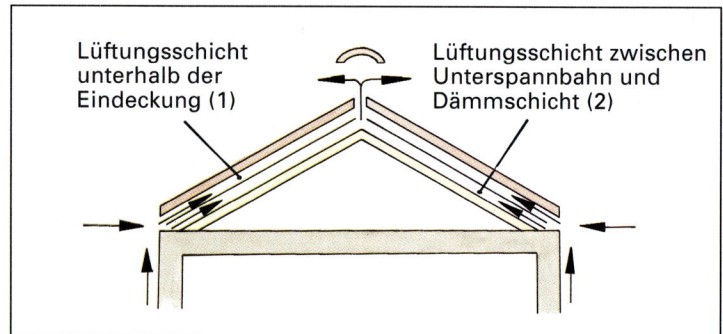

Abb. 5

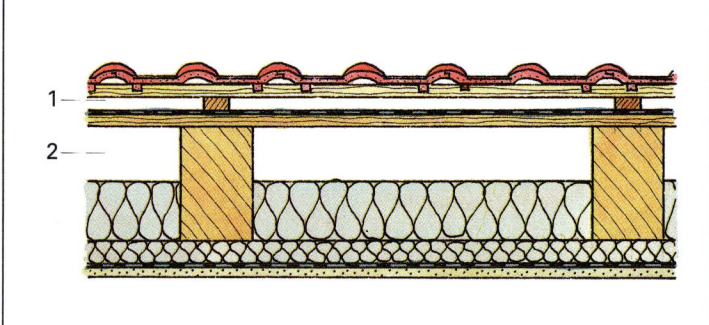

Abb. 6

Abb. 7

Abb. 8

für muß man das bereits vorhandene Dach abdecken und wieder eindecken. Und wer wollte sich einen derartigen Riesenaufwand zumuten? Die beiden anderen Dämmvarianten sind dagegen gut nachträglich anzubringen.

Aufsparrendämmung

Die Aufsparrendämmung eignet sich vor allem für die Dämmung von neuen Dächern. Die Dämmschicht wird auf den Sparren, zum Teil auch auf den Dachlatten angebracht. In der Regel werden für die Aufsparrendämmung spezielle Dämmelemente verwendet. Die Vorteile: Die tragende Holzkonstruktion liegt unter dem Dämmantel vor Temperaturschwankungen und Feuchtigkeit geschützt, und der Platz zwischen den Sparren kann in den ausgebauten Dachraum einbezogen werden. Bauphysikalisch ist die Aufsparrendämmung die beste Lösung. Sie entspricht einer Außendämmung bei normalem Mauerwerk. Der hohe Arbeitsaufwand fürs Abdecken, Dämmen und Eindecken des Daches sowie die hohen Kosten der speziellen Elemente führen jedoch dazu, daß die Aufsparrendämmung nicht die Standardlösung für die nachträgliche Dachdämmung ist. Bei einigen Dämmsystemen genügt die Dicke der bei der Aufsparrendämmung verwendeten Dämmplatten nicht, um einen erhöhten Wärmeschutz entsprechend der Wärmeschutzverordnung zu erreichen. Dann wird die Aufsparrendämmung mit einer weiteren Dämmschicht, z. B. zwischen den Sparren, kombiniert.

Zwischensparrendämmung

Meist wird die Dachschräge zwischen den Sparren gedämmt. Hierzu dienen vor allem Mineralfaserdämmstoff oder Hartschaumplatten, die leicht zwischen den Sparren montiert werden können. Je nach Dicke der Sparren können unterschiedlich dicke Dämmaterialien angebracht werden. Dabei ist darauf zu

achten, daß je nach Dämmaterial und Dachaufbau 2 – 5 cm Abstand für die Hinterlüftung zwischen Dämmschicht und Unterspannbahn, Holzverschalung bzw. Dachziegeln bleibt.
Genügt die zur Verfügung stehende Sparrendicke nicht, um eine entsprechend dicke Dämmstoffschicht anzubringen, kann die Zwischensparrendämmung mit einer zusätzlichen Untersparrendämmung kombiniert werden.

Dämmen mit Steinwolle-Dämmkeilen

Ein beliebtes Material für die Dämmung von Dachschrägen sind Dämmkeile aus Steinwolle. Durch Verschieben zweier nebeneinander gelegter Keile und Abschneiden der überstehenden Spitzen erhalten Sie unterschiedlich große Rechtecke. So läßt sich praktisch mit ein und demselben Material bei jedem vorhandenen Sparrenabstand dämmen.
Bis 60 cm Sparrenabstand

werden die Dämmkeile hochkant zwischen die Sparren gesetzt. Ab 60 cm stopft man sie am besten quer in die Sparrenfelder. Das Dämmen mit Dämmkeilen ist also relativ einfach. Messen Sie zuerst den Sparrenabstand genau aus. Achten Sie darauf, daß die Sparrenfelder nicht immer gleich groß sein müssen und der Sparrenabstand von unten nach oben variieren kann. Schieben Sie jetzt zwei Dämmkeile so aneinander, daß sich der ausgemessene Sparrenabstand plus 1 cm Übermaß ergibt. Die überstehenden Enden werden mit einem scharfen Messer abgeschnitten **(1)**. Die beiden Dämmkeile können Sie zwischen den Sparren wieder zu einem Rechteck zusammenstecken, das die ganze Breite des Sparrenfeldes einnimmt **(2)**.
Die abgeschnittenen Reststücke können in verschiedenen Bereichen verwendet werden, z. B. für Anschlüsse,

Abb. 1

Abb. 2

Sparren-Giebelwände, an Dachflächenfenstern oder anderen Durchdringungen **(3)**. Achten Sie darauf, daß zwischen Dämmstoff und Unterspannbahn oder in unserem Fall der Holzverschalung ein Abstand von mindestens 2 cm bleibt. Dieser Luftraum ist notwendig, um doch einmal ins Dämmaterial eingedrungene Feuchtigkeit schnell wieder austrocknen zu lassen. Denken Sie beim Verlegen jedoch auch daran, daß sich die zwischen die Sparren geklemmten Dämmkeile im Laufe der Zeit noch etwas ausdehnen können. Dämmen Sie so den ganzen Dachraum bis in die Firstspitze, oder ziehen Sie bei sehr hohen Dächern eine Zwischendecke zum Spitzboden ein. Nach dem Einbau der Dämmschicht erfolgt eine optische Kontrolle, ob überall fugendicht gearbeitet wurde, um eine wirksame Dämmung sicherzustellen **(4)**. Anschließend wird als Dampf- und Windsperre eine 0,2 mm dicke PE-Folie in sich 20 cm überlappenden Bahnen angebracht **(5)**. Die Dampfsperre muß wind- und luftdicht befestigt werden. Am besten dichten Sie die Stöße mit einem speziellen Klebeband ab, das den Kunststoff nicht anlöst, und verschließen die Kanten mit Leisten. Neben der Vermeidung von Wärmebrücken ist das richtige Anbringen der Dampfsperre eine wichtige Voraussetzung zur Verhinderung von Feuchtigkeitsschäden im Dämmbereich. Für den weiteren Innenausbau wird unter der Dämmschicht eine Lattung angeschraubt,

Abb. 3

Abb. 4

Abb. 5

auf der Spanplatten, Gipskarton- oder Gipsfaserplatten angebracht werden können. Wer will, kann gleich eine Wandbekleidung mit Profilbrettern oder Paneele unter der Dämmung montieren.

Dämmen mit Klemmfilz
Eine Alternative zum Dämmkeil aus Steinwolle ist der Dämmfilz aus Glaswolle. Er wird in einer 1,2 m breiten Rolle geliefert. Bei 140 mm Dämmstoffdicke sind 6 m zu einem handlichen und noch

ganz gut transportierbaren Paket zusammengerollt. Die für die einzelnen Sparrenfelder benötigte Dämmstoffbreite **(6)** läßt sich leicht von der laufenden Rolle mit 1 cm Zugabe abschneiden. Dies geht am besten, wenn Sie die benötigte Breite anzeichnen **(7)** und dann entlang einer Leiste mit einem scharfen Messer abschneiden **(8)**. Verschnitt entsteht so kaum, denn der Rest der 6-m-Rolle kann später in Ecken und Kanten verwendet werden. Stecken Sie den Dämmstoffstreifen zuerst unten ins Sparrenfeld **(9)**, und drücken Sie den Rest dann mit der flachen Hand soweit hinein, daß die Unterseite der Dämmschicht mit der Sparrenunterkante bündig ist **(10)**. In unse-

rem Beispiel blieben bei 140 mm Dämmstoffdicke und 180 mm dicken Sparren noch 4 cm für die notwendige Hinterlüftung der Dämmschicht übrig.
Auch Problemstellen lassen sich mit dem Klemmfilz leicht isolieren. Für ein Entlüftungsrohr z. B., das unter der Dachschräge verläuft, kann einfach ein Teil des Dämmstoffes eingeschnitten und dann soweit wie nötig ausgedünnt werden **(11)**. Der entsprechend präparierte Dämmfilz kann ganz normal angebracht werden **(12)**. An den Anschlüssen von Decken oder im Firstbereich läßt sich der Dämmstoff mit einem Messer auf Gehrung schneiden und dann paßgenau verlegen. Grundsätzlich gilt für

alle Problemstellen, daß Wärmebrücken möglichst zu vermeiden sind. Eine dünnere Dämmschicht ist jedoch immer noch besser als überhaupt keine.
Denken Sie auch bei Decken im Dachbereich, z. B. für einen unbeheizten Spitzboden, an die nötige Dämmung.

Abb. 10

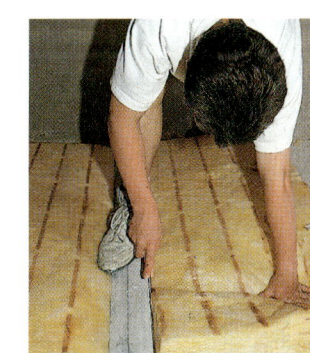

Abb. 8

Abb. 11

Abb. 6

Abb. 9

Abb. 12

Abb. 7

Grundsätzlich sollte der bewohnte Raum rundherum mit Dämmstoff eingepackt sein. Achten Sie dabei auch auf die Decke zu darunterliegenden Geschossen. Auch beim Arbeiten mit dem Klemmfilz ist es wichtig, daß auf der Innenseite eine luft- und wasserdampfundurchlässige Dampfsperre angebracht wird, weil sonst Luftfeuchtigkeit aus der warmen Raumluft in die immer kälter werdende Dämmschicht eindringt und kondensiert. An-

Abb. 13

schließend wird eine Lattung unter die Sparren geschraubt oder genagelt **(13)**, an die z. B. Gipskartonplatten angebracht werden können (siehe dazu Seite 62).

Untersparrendämmung

Die dritte Möglichkeit der Dachdämmung ist die Untersparrendämmung. Sie wird dort angewandt, wo zum Beispiel die Dicke der Sparren nicht für die benötigte Dämmstoffdicke ausreicht. Die Untersparrendämmung kann auch ergänzend zu einer Dämmung zwischen den Sparren eingesetzt werden.

Als Materialien werden häufig Hartschaumplatten oder Verbundplatten aus Gipskarton, Gipsfaser oder Spanplatte und einer Dämmstoffschicht eingesetzt; die sonst nötige Dampfsperre kann hier manchmal entfallen. Vor allem die großformatigen Verbundplatten eignen sich für einen zügigen Ausbau. In unserem Beispiel werden Verbundelemente aus E1-Spanplatten und Styropor verwendet. Um nicht unnötig ungenutzten Raum unter der Schräge heizen zu müssen, wird eine Balkenkonstruktion für die Abtrennung einer Abseite errichtet **(1)**. Dann werden zuerst die Verbundelemente von vorn auf den Holzrahmen der Abseite geschraubt **(2)**. Die Platten werden so mit Nut und Feder zusammengeschoben, daß keine Wärmebrücken entstehen **(3)**. Achten Sie aber darauf, daß auch der Boden der Abseite, der zugleich ja Decke des darunterliegenden Raumes ist, gedämmt wird. Die Verbundplatten werden auf der Drempelwand bis an die Sparren heran verlegt. Dann kann die Schräge gedämmt werden. Auch hier werden die Verbundelemente aus Hartschaum und Spanplatte von unten auf die Dachsparren geschraubt **(4)**. Vor dem späteren Tapezieren oder Verputzen müssen die Stöße und Schraubenköpfe sauber abgespachtelt werden **(5)**. Daß man auch trotz einer Untersparrendämmung den Reiz offenliegender Dachsparren erhalten kann, zeigen die nächsten Bilder. Hier werden kurzerhand Bretter als Dekorsparren unter die

Abb. 1

Abb. 2

Abb. 3

vorhandene Bekleidung geklebt und geschraubt. Bei dieser guten Gelegenheit wird auch der vorhandene Stützbalken mit dem Material für die Ziersparren verkleidet **(6)**.

Abb. 4

Abb. 7

Abb. 5

Abb. 6

**Nachträgliche Dämmung
unter den Sparren**
Viele Altbauten sind unterm
Dach völlig unzureichend gedämmt. Häufig ist der Dachraum allein mit Holzwolle-
Leichtbauplatten erstellt
oder nur mit einer 50 bis
80 mm dicken Dämmschicht
aus Mineralwolle isoliert.

Um solche Wärmelecks in
den Griff zu bekommen,
muß nicht gleich die alte
Dämmschicht mit hohem
Aufwand und viel Dreck her-
ausgerissen werden. Durch
eine Vorsatzschale läßt sich
auch an der Schräge nach-
träglich eine vollflächige und
damit wirkungsvolle Wärmedämmung ohne Wärme-
brücken schaffen.
Mit speziellen Direktabhän-
gern ist die Montage der zusätzlichen Dämmschicht sowie der neuen Wandbeklei-
dung denkbar einfach. Als
erstes werden die speziellen
Direktabhänger durch die
vorhandene Bekleidung hindurch an den Holzbalken
oder Sparren angeschraubt
(7). Hierzu sollten die Holz-
schrauben nach DIN 97 mindestens 24 mm in den Bal-
ken oder Sparren eindringen.
Eine Befestigung der Direktabhänger an vorhandenen
Latten ist nur dann möglich,
wenn deren Querschnitt die
Tragfähigkeit für diese Punkt-
last gewährleistet und eine
sichere Verbindung zwischen
Lattung und Balken vorhanden ist. Sicherer ist es je-

Abb. 8

doch, wenn Sie die Sparren-
abstände Ihres Daches vorher feststellen und die Direktabhänger immer auf einen
Sparren setzen. Die Abstände der einzelnen Befesti-
gungspunkte sind zudem
auch entsprechend der Größe der späteren Beplankung
zu wählen. Bei Gipskartonplatten mit 12,5 mm Stärke
ist zum Beispiel ein Abstand
von 50 cm erforderlich.
Zum Dämmen müssen Mine-
ralfaserplatten (bis 10 cm
Dicke) nur über die Direktabhänger an die Schräge ge-
drückt werden – schon sind
sie fixiert **(8)**. Anschließend
werden Holzlatten oder Me-
tallprofile zwischen die Direkt-

abhänger gesteckt, ausgerichtet und beidseitig verschraubt **(9)**. Und schon hat man eine Unterkonstruktion, auf der die Wandbekleidung angebracht werden kann. Falls der Aufbau der vorhandenen Konstruktion unklar ist, sollte man auf jeden Fall jetzt eine Dampfsperre einbauen – entweder aus PE-Folie oder z. B. durch Verwendung von Gipskartonplatten mit Alukaschierung **(10)**.

Abb. 9

Abb. 10

Dämmen der Giebel

Alte Giebelwände entsprechen selten heutigen Wärmeschutz-Normen: Rüsten Sie gegebenenfalls nach!
Da eine Außendämmung am Giebel allein nur schwierig nachträglich anzubringen ist, empfiehlt sich hier eine nachträgliche Innendämmung, zum Beispiel durch eine Vorsatzschale aus Gipskarton- oder Gipsfaserplatten, die mit einer Dämmschicht aus Mineralfaserdämmstoff oder Hartschaum versehen ist. Im Prinzip können Sie hier auch alle anderen für die Dämmung der Dachschräge geeigneten Dämmaterialien verwenden. In unserem Beispiel wird außerdem noch die Vorwandinstallation für das neue Bad hinter der Vorsatzschale versteckt. Beachten Sie aber, daß für die Montage von Waschbecken, Hänge-WCs oder Bidets eine besondere Unterkonstruktion mit speziellen Trageelementen oder eine direkt an die Giebelwand geschraubte Holzbohle notwendig ist. Zum Erstellen der Konstruktion wird zuerst eine Anschluß-

dichtung auf dem Boden ausgelegt **(1)**. Dann kann ein Rahmen aus Kanthölzern (6 x 4 cm) vor dem Giebel auf dem Boden sowie an der Wand und der Schräge angeschraubt werden. Verwenden Sie moderne Durchsteck- oder Nageldübel, die Sie zusammen mit der Schraube durch das Rahmenholz hindurch in den Boden stecken können **(2)**. Nach der Montage der Rahmenhölzer werden Holzbalken (6 x 6 cm) als Ständer in den Rahmen eingepaßt. Die Kopfenden der Hölzer werden der Schräge entsprechend mit einer Kappsäge zugeschnitten. Dann können Sie sie direkt mit langen Schnellbauschrauben an den Rahmenhölzern ver-

schrauben **(3)**. Sie können aber auch wie am Boden Ständer und Rahmen mit Metallwinkeln verbinden. Berücksichtigen Sie beim Aufstellen der Ständer die Maße und Befestigungsabstände der späteren Bekleidung, dann können Sie möglicherweise auf eine Querlattung verzichten. Nun kommt in den entstandenen Hohlraum noch eine Dämmstoffschicht. Füllen Sie den Zwischenraum zwischen den Ständern vollständig, damit keine Wärmebrücken entstehen **(4)**. Bevor Sie die Wand jetzt z. B. mit Gipskartonplatten beplanken **(5)**, muß von der Rauminnenseite her eine PE- oder Alufolie als Dampfsperre angebracht werden.

Abb. 1

Abb. 2

Abb. 3

Abb. 4

Abb. 5

Bekleidung der Dachschrägen

Nachdem Sie die Wärmedämmung angebracht haben, soll der Dachraum wohnlich ausgebaut werden. Die Schräge und gegebenenfalls auch Drempelwände, Giebelwände sowie die Decke müssen deshalb mit einer Wandbekleidung versehen werden. Hierfür gibt es eine Vielzahl von Baustoffen. Am beliebtesten sind Gipskarton- und Gipsfaserplatten, wenn später tapeziert oder ein Rauhputz aufgezogen werden soll. Auch Spanplatten eignen sich dafür. Sie sind jedoch sehr schwer und auch für die Umwelt belastender als z. B. Gipsfaserplatten, die aus Gips, Zellulose (Papierschnipsel) und Wasser hergestellt werden. Wer eine Holzbekleidung im Dachgeschoß wünscht, kann Profilbretter oder Paneele direkt auf einer Lattung unter der Dämmschicht verlegen. Für erhöhten Brandschutz kann die Holzbekleidung mit einer Bekleidung aus Gipsfaserplatten oder speziell ausgestatteten Gipskartonplatten kombiniert werden.

Abb. 1

Unter den Sparren wird zuerst eine Querlattung im Abstand von 33,5 cm angebracht **(1)**. An senkrechten Drempelwänden und anderen Wänden genügt ein Abstand von 50,25 cm. Dann können Sie die Gipsfaserplatten zuschneiden, indem Sie sie einfach mit einem Teppichmesser zweimal anritzen und über eine Kante brechen **(2)**. Setzen Sie die Platten von unten nach oben mit mindestens 5 mm Fugenabstand unter der Schräge an **(3)**. Kleine, zwischen die Platten geklemmte Holzstückchen sollen einen gleichmäßigen Fugenabstand gewährleisten **(4)**. Auch die vormontierten Schrauben können vor allem an der Schräge eine große Hilfe sein, weil beim Eindrehen mit dem

Abb. 2

Bekleidung mit Gipsfaserplatten

In der Bildfolge zeigen wir die Bekleidung der Dachschräge mit Gipsfaserplatten. Die Arbeitsschritte gelten im Prinzip auch für eine Bekleidung mit Gipskartonplatten, obwohl es im Detail (z. B. Fugenausbildung) auch Abweichungen gibt.

Abb. 3

Abb. 4

Abb. 5

Abb. 7

Abb. 6

Abb. 8

Abb. 9

Akkuschrauber die zweite Hand zum Halten der Platte freibleibt.

Auch die Wand zur Abseite kann mit Gipsfaserplatten bekleidet werden. Mit einem Messer wird die Oberkante der Platte der Dachschräge entsprechend abgeschrägt **(5)**. Dann kann die auf Maß geschnittene Platte eingepaßt **(6)** und angeschraubt **(7)** werden. Vergessen Sie nicht, auch die Wand ge-

nauso wie die Dachschräge zu dämmen. Eine Revisionsöffnung, die am besten mit einer kleinen Tür oder Klappe versehen wird, ermöglicht jederzeit eine Kontrolle des Dachzustandes. Denken Sie in diesem Baustadium auch an die technischen Installationen, die in der Wand verlaufen sollen, und an die notwendigen Ausschnitte und Bohrungen für Befestigungen. Für die Elektroinstalla-

tion gibt es spezielle Hohlwanddosen für Trockenausbauwände. Die notwendigen Ausschnitte lassen sich am einfachsten mit einer Lochsäge erstellen **(8)**.

Wenn alle Gipsfaserplatten angeschraubt sind, können die Fugen verspachtelt werden **(9)**. Verwenden Sie hierzu den zum Plattensystem passenden Fugenspachtel: Füllen Sie damit den Spalt zwischen den Platten **(10)**, vergessen Sie beim Spachteln die Eindrücke der Schraubenköpfe nicht. Nach dem Durchtrocknen können Sie die Oberfläche mit einem Feinspachtel zusätzlich glätten. Unebenheiten können mit Sandpapier abgeschliffen werden.

An der Schräge, aber vor allem unter der Decke erfordert die Befestigung von Gipskarton- und Gipsfaserplatten meist einen Helfer, der die Platte mit ansetzt und beim Anschrauben hält. Mit einem aus Dachlatten einfach zu bauenden Faulenzer kann man sich zumindestens bei den handlichen Ein-Mann-Platten (1,5 x 1 m) den Helfer ersparen **(11)**.

Abb. 10

Abb. 11

Bekleidung mit Holz

Holz ist ein sehr beliebter Baustoff für den Dachausbau. Wände, Decken und vor allem auch die Schräge lassen sich gut mit Profilbrettern oder mit Paneelen bekleiden.

Während beim Verlegen von Paneele und bei senkrechter Verlegung von Profilbrettern auf jeden Fall eine waagerechte Lattung notwendig ist, kann man sich bei waagerechter Verlegung der Profilbretter die senkrechte Lattung sparen und die Bretter direkt auf den Sparren befestigen.

Schneiden Sie zuerst die Profilbretter mit einer Kappsäge auf die benötigte Länge **(1)**. Soll das Holz mit Lack, Lasur oder Wachs gestrichen wer-

Abb. 1

Abb. 4

Abb. 5

Abb. 2

Abb. 3

Abb. 6

den, so muß dies vor dem Verlegen erfolgen **(2)**, weil das Holz durch den natürlichen Trocknungsprozeß im Laufe der Zeit schwinden kann und dann unbehandelte Stellen sichtbar werden. Um beim Verlegen die Nut der Profilbretter ganz in die Feder des vorherigen Brettes zu schieben, eignet sich ein Reststück, das sehr gut als Schlagholz verwendet werden kann **(3)**.
Profilbretter können in der Nut genagelt **(4)** oder mit Tackerklammern **(5)** befestigt werden. Um einen besseren Brandschutz zu erzielen, werden in unserem Beispiel die Profilbretter auf einer Gipskartonbekleidung verlegt. Beim Befestigen müssen Sie deshalb darauf achten, daß Sie genügend lange Nägel oder Klammern verwenden, die durch die Bekleidung hindurch weit genug in den Sparren reichen. Am besten markieren Sie vorher die Lage der Sparren mit einem Bleistiftstrich auf den Gipskartonplatten, denn in den Platten allein halten Nägel oder Klammern auf gar keinen Fall.
Alternativ können Sie eine Holzbekleidung aber auch direkt unter der Dämmschicht befestigen **(6)**. Hierbei ist es besonders wichtig, daß die Dämmung sehr sorgfältig ausgeführt wurde und die Dampfsperre beim Verlegen der Bekleidung an keiner Stelle verletzt wird.

Fenster, Gauben, Dachterrassen

Allgemeine Lichtplanung

Um sich wohl zu fühlen, benötigt der Mensch Licht und Luft. Während in den Außenwänden eines Hauses bereits beim Bau genügend Fenster eingeplant werden, sind die Dächer häufig nur mit kleinen Belüftungs- und Ausstiegsluken versehen. Beim nachträglichen Dachausbau muß daher für viel Licht und ausreichende Belüftung gesorgt werden. Die einzelnen Landesbauordnungen bestimmen, daß die Fensterfläche ein Achtel bis ein Zehntel der Wohnfläche betragen soll. Nach der DIN 5034 soll die Breite der durchsichtigen Fensterteile zusammen etwa 55 % der Breite des Wohnraums betragen. Dies gilt es auch beim Dachausbau zu beachten. Für den Fenstereinbau im Dachgeschoß gibt es verschiedene Möglichkeiten:

- Dachterrassen, die durch den Freisitz auf dem Dach für Luft und durch große Glastüren für Licht sorgen **(7)**,
- Gauben, die auch im Innenraum zusätzlichen Platz schaffen **(8)**,
- Dachflächenfenster, die in die Dachschrägen eingebaut werden **(9)**,
- Fenster, die in den Giebelfronten sitzen,
- verglaste Firsthauben und Lichtkuppeln, die eher die Ausnahme sind und deshalb im Privathaus kaum anzutreffen sind.

Abb. 7

Abb. 8

Abb. 9

Dachflächenfenster

Vorüberlegungen

Der Einbau von Dachflächenfenstern ist in der Regel dann genehmigungsfrei, wenn der Dachausbau bereits von vornherein genehmigt war, keine Auflagen des Denkmalschutzes vorliegen und der Einbau zwischen den Sparren erfolgt. Müssen

Abb. 1

Abb. 2

Abb. 3

Abb. 4

lauben den freien Zutritt an die Schräge (Ausstieg für den Schornsteinfeger). Zusatzelemente können die Fenster außerdem erweitern und interessante optische Lösungen bieten. So lassen sich z. B. Rundbogenelemente über den Fenstern anbringen. Nach unten können die Glasflächen mit entsprechenden Elementen sowohl in der Schräge wie auch in den Drempel hinein verlängert werden **(3)**.

Mit Spezialversionen lassen sich auch Zugänge zu Dachterrassen schaffen. Ein Anbieter offeriert mit seinem Cabrio-Dachflächenfenster sogar einen Mini-Dachbalkon **(4)**, der ohne besondere Baugenehmigung überall da eingebaut werden darf, wo Dachflächenfenster erlaubt sind.

Denken Sie daran, daß Dachflächenfenster nicht nur Licht unters Dach bringen sollen, sondern auch die Belüftung und Klimatisierung unterstützen sollen. Bei großen Glasflächen in Südrichtung kann sich im Sommer jedoch der Dachraum sehr stark aufheizen. Deshalb bieten alle Hersteller von Dachflächenfenstern gleich passendes Beschattungs- und Verdunklungszubehör an. Vom Springrollo über die Jalousie bis hin zu Markise oder Rolladen gibt es hier die verschiedensten Möglichkeiten.

Planen Sie die Größe von Dachflächenfenstern so, daß Sie im Sitzen und im Stehen bequem hinausschauen können. Die Oberkante sollte bei knapp 2 m liegen, die Unterkante bei Fenstern mit

zum Einbau größerer Fensterelemente Sparren entfernt und durch eine Auswechselung ersetzt werden, so ist grundsätzlich eine Baugenehmigung notwendig, da die Statik des Daches neu berechnet werden muß. Größere Glasflächen können aber auch erstellt werden, indem statt eines großen Fensters mehrere kleine so nebeneinander eingebaut werden, daß die einzelnen Fenster jeweils zwischen den Sparren sitzen **(1)**.

Dachflächenfenster gibt es heute nicht nur in der einfachen Schwingversion, sondern auch als Klapp-Schwingfenster, Klapp-Schiebefenster **(2)** oder Ausstiegsfenster. Fenster, die nach oben geklappt werden können, er-

Untenbedienung bei etwa 1,1 m, bei Fenstern mit Obenbedienung kann sie auch bis ungefähr 90 cm reichen **(5)**.
Sollten Ihre Dachflächenfenster sehr hoch liegen, kann es Probleme bei der Bedienung geben. Das einfachste ist dann eine Stange, mit der Sie das Fenster betätigen können. Komfortabler sind jedoch elektrische Fernbedienungen, die auf Knopfdruck das Fenster öffnen und schließen und zum Beispiel auch den Rolladen oder die Jalousie mitbetätigen.
Auch wenn der Einbau genehmigungsfrei und einfacher ist, sollten Sie die Fensterbreite nicht nur nach dem Sparrenabstand wählen, sondern sich an Ihren Wünschen nach Licht und Wohnkomfort orientieren.
Sollen die Fenster zwischen den vorhandenen Sparren eingebaut werden, ist es am besten, wenn die Fensterbreite etwa 6 cm geringer als der Sparrenabstand ist, dann bleibt auf jeder Seite genügend Platz für die Montagewinkel und die nötige Dämmung.

ca. 190 cm

ca. 100 cm

Abb. 5

Einbau

Ist das Dach bereits gedämmt, müssen Sie zuerst einmal die Dämmschicht an der geplanten Fensteröffnung auftrennen **(6)**. Schneiden Sie nicht zuviel ab, sondern lassen Sie besser Reste der Dämmschicht wie auch der Unterspannbahn in den Raum hängen. Vorsichtig muß die oberste Ziegelreihe herausgenommen werden **(7)**. Bei den folgenden geht's leichter. Jetzt können Sie die Dachlatten an den Sparrenkanten absägen **(8)**. Als Montagehilfe wird von außen eine Latte auf Höhe

der späteren Fensterunterkante aufgenagelt **(9)**.
Das komplette Fensterelement wird dann von innen durch die Öffnung hindurchgeschoben **(10)**, mit den vormontierten Winkeln von außen auf die Sparren gesetzt und an der Montageleiste abgestützt **(11)**.
Häufig kommt man bei der Montage eines Dachflächenfensters nicht darum herum, daß ein Helfer auf dem Dach steht **(12)**. Er muß nicht nur einen sicheren Stand haben, sondern auch vorschriftsmäßig mit einem Gurt abgesichert sein.

Abb. 6

Abb. 7

Abb. 8

Abb. 9

Abb. 12

Abb. 15

Abb. 10

Abb. 13

Abb. 16

Abb. 11

Abb. 14

Schrauben Sie die Montagewinkel so fest, daß das Fenster gleichmäßig zwischen den Sparren sitzt. Zur Abdichtung des Übergangs zwischen Fenster und Dach bzw. nebeneinanderliegenden Fenstern gibt es vorgefertigte Eindeckrahmen, die an den Fenstern montiert werden **(13)**. Anschließend kann die letzte Ziegelreihe wieder eingedeckt werden **(14)**. Für besonders flache Dächer gibt es übrigens spezielle Aufkeilrahmen, die es erlauben, das Dachflächenfenster selbst 10° steiler einzubauen, als das Dach ist. Dadurch gewinnen Sie im Innern etwas mehr Kopffreiheit und Raum. Von außen sieht diese Lösung dagegen meist nicht besonders elegant aus.

Zum Schluß muß noch die Bleischürze des Eindeckrahmens der vorhandenen Dachziegelform angepaßt werden. Machen Sie dies aber sehr vorsichtig, z. B. mit einem Hammerstiel oder einem Gummihammer **(15)**. Nachdem das Dachflächenfenster eingesetzt ist, muß innen noch ein Futter angebracht werden. Sie können das Fensterfutter aus Massivholz selber zurechtsägen oder als vorgefertigtes Innenfutter vom Fensterhersteller erwerben. Zeichnen Sie die Größe der Einzelteile für das Innenfutter genau an **(16)**.

Abb. 17

Abb. 18

Abb. 19

Die Rahmenelemente können dann in der Heimwerkstatt z. B. aus Kiefernleimholz zusammengesetzt **(17)** und als komplette Einheit eingepaßt werden **(18)**.
Vor dem Einsetzen müssen Sie für eine möglichst perfekte, handwerklich sauber ins Werk gesetzte Wärmedämmung sorgen: Zunächst sollten Sie alle Hohlräume mit Dämmstoff ausfüllen **(19)**.

Dadurch entstehen keine Wärmebrücken. Schließen Sie dann sehr sorgfältig die Dampfsperre wind- und luftdicht am Fensterrahmen an. Am Schluß der langwierigen Einbauprozedur setzt man die Rahmenelemente ein und befestigt sie mit Metallwinkeln an den sogenannten Sparren **(20)**.

Abb. 20

Gauben

Gauben bringen nicht nur Licht unters Dach, sondern gerade dort, wo die Dachschräge bis zum Boden reicht, kann man mit einer Gaube auch zusätzlichen Raum schaffen **(1)**. Es entsteht eine zusätzliche Nutzfläche, und an den senkrechten Seitenwänden gibt es die Möglichkeit, Bilder aufzuhängen oder sogar ein kleines Regal anzubringen. Dem oft auch schöneren Ausblick durch eine Dachgaube steht eine geringere Sonneneinstrahlung als bei Dachflächenfenstern entgegen. Werden Gauben auch seitlich verglast, kann man den geringeren Einfall von Tageslicht wieder ausgleichen und hat

Abb. 1

Abb. 2

Abb. 3

Abb. 4

sogar eine wunderschöne Rundumsicht. Von außen kann eine schöne Gaube die Dachfläche auflockern und dem Haus einen individuellen Gesamteindruck verleihen. Achten Sie aber bei Ihrer Planung auf die Dächer in der Nachbarschaft, denn schließlich soll Ihr Haus auch dazu passen.

Die Montage einer Gaube ist wesentlich aufwendiger als der Einbau eines Dachflächenfensters und erfordert immer eine Baugenehmigung.

Fertiggauben

Industriell produzierte Fertiggauben setzt man als Komplettelemente aufs Dach. Dazu ist nach einer Einbauschablone zuerst die Dachöff-

nung zu erstellen **(2)**. Jetzt kann das Dach aufgesetzt werden **(3 und 4)**. Nach dem Einbau des Fensters und der Fensterbank wird die Gaube eingedeckt **(5)**.

Individuell gefertigte Gauben

Unser Beispiel auf dieser und den nächsten Seiten zeigt, wie aus einem vom Zimmermann errichteten Balkengerippe **(6)** eine schöne, zum Stil des Hauses passende Satteldachgaube wird. Zuerst werden die Gaubenseiten und auch die Front mit sägerauhen Brettern verschalt **(7)** und auf das Gaubendach Profilholzbretter genagelt **(8)**. Darauf kommen später Hartschaumelemente als Außendämmung. Zum

Abb. 5

Schluß folgen die Dachziegel. Die Außenseiten der Gaube werden mit 3,5 cm dicken Holzwolle-Leichtbauplatten gedämmt, die gleichzeitig als Putzträger dienen **(9)**. Besondere Aufmerksamkeit erfordern die Anschlüsse zwischen der Gaube und der Dachschräge **(10)** sowie die

Abb. 6

Abb. 7

Abb. 8

Abb. 9

Abb. 12

Abb. 15

Abb. 10

Abb. 13

Abb. 16

Abb. 11

Abb. 14

Entwässerung des Gaubendaches, die hier mit zwei Dachrinnen und jeweils eigenem Fallrohr erfolgt **(11)**. So wird das Regenwasser von der Gaube auf die Ziegel und dann in die Hauptdachrinne geleitet. Alternativ kann das Wasser auch mit einer Regenrinne nach hinten aufs

Dach geleitet werden oder ganz ohne Regenrinne vom Gaubendach aufs Hauptdach tropfen.
Nachdem auf die Außenseiten der Gauben 3 Lagen Putz (15 mm Grundputz, 2 mm Spachtelschicht, 3 – 5 mm Oberputz) aufgezogen sind **(12)**, muß außen nur noch

der Blendrahmen für das Fenster montiert werden. Die auf der Tischkreissäge zugeschnittenen Bekleidungsbretter schützt man vor dem Einbau mit einem Holzschutzmittel gegen Pilz- und Insektenbefall **(13)**. Stecken Sie die Laibungsbretter in eine Nut des Fensterrahmens und richten Sie sie mit Distanzhölzern lotrecht aus **(14)**. Anschließend wird der Spalt zwischen Gaubenwand und Holzrahmen mit Isolierschaum ausgefüllt **(15)** und die Zierbekleidung auf der Vorderseite angenagelt **(16)**.

Innenverarbeitung
Innen erfolgt die eigentliche Dämmung der Gauben mit Mineralfaserdämmstoff **(17)** bzw. mit Hartschaumplatten.

Abb. 17

Abb. 18

Abb. 19

Abb. 20

Abb. 21

Alle Hohlräume zwischen den Balken werden sorgfältig mit Dämmstoff ausgefüllt, damit keine Wärmebrücken entstehen. Auch hier sollte die Verlegung mit PE-Folie als Dampfsperre lückenlos sein.

Bekleiden Sie die Seitenwände der Gaube mit Gipskartonplatten. Unter dem Fenster wird ein spezielles Brüstungselement angebracht, das Dämmung, Verkleidung und Fensterbankkonsole in einem bietet **(18)**. Da dieses Element aus zwei Gipskartonplatten mit einer Hartschaumeinlage besteht, ist es genauso wie die anderen Gipskartonplatten zu verschrauben. Anschließend müssen Sie alle Fugen und Schraubenköpfe verspachteln **(19)** und gegebenenfalls noch sauber verschleifen. Auf die Konsole kann übrigens das Fenstersims mit einem geeigneten Kleber direkt aufgeklebt werden **(20)**. Achten Sie aber darauf, an den Enden Dehnungsfugen zu lassen, die nachher ebenso wie der Abschluß zum Fenster dauerelastisch auszuspritzen sind. Zu guter Letzt werden die Innenwände der Gaube mit einem Naturfaserputz beschichtet **(21)**. Für eine optimale Haftung und Farbdeckung, vor allem auf dem grünen Brüstungselement, empfiehlt sich ein Vorstreichen mit verdünntem Material (Wasser zusetzen). Der eigentliche Auftrag erfolgt am besten mit einer rostfreien Stahltraufel in zwei Arbeitsgängen mit 24 Stunden Trockenzeit dazwischen. Vorteil der weißen Wände: Reflektion des Lichts – heller Dachraum!

Dachbalkon-Fenster-elemente

Für eine Dachterrasse oder einen Dacheinschnitt gibt es verschiedene Konstruktionen. Da das ca. 2 m hohe Türelement nur dort eingebaut werden kann, wo die Schräge bereits hoch genug ist, geht meist viel kostbarer Innenraum verloren. Eine Alternative ist der Aufbau einer großen Gaube mit einem Fenstertürelement für den Ausstieg.

Die kostengünstigste und platzsparendste Möglichkeit ist jedoch ein neuartiges Dachbalkon-Fensterelement, bei dem die Tür zweigeteilt ist. Oben sitzen aufklappbare Dachflächenfenster, unten seitlich angeschlagene, etwa 1 m hohe Balkontüren (1). Je nach Platzverhältnissen können mehrere dieser 78 cm breiten Dachbalkonelemente nebeneinandergesetzt werden. Außerdem lassen sie sich auch mit normalen Dachflächenfenstern kombinieren, so daß fast eine große Wintergartenfront auf dem Dach entsteht. Die Tiefe der Balkonfläche ist bei dieser Lösung abhängig von der Dachneigung. Je flacher das Dach ist, desto mehr Platz haben Sie auf dem Balkon zur Verfügung (2). Grundsätzlich eignet sich das System für alle Dachneigungen von 35° bis 53°.

Beachten Sie auch, daß die unteren Türen nach außen drehen. Bei großer Dachneigung kann es dann schnell eng auf Ihrem Dachbalkon werden. Es bleibt kaum Platz für wenigstens eine gemütliche Sitzgruppe.

Abb. 1

Änderung der Dachkonstruktion

Beim nachträglichen Einbau der Dachbalkonelemente muß die Sparrenkonstruktion des Daches durch das Einbauen von Wechseln und das Setzen einer neuen Bodenschwelle geändert werden. Die Höhe des Auflagebalkens für das untere Türelement (3) ergibt sich aus dem Abstand zwischen dem Dachboden und der Oberkante der Fußpfette (bzw. der Dachrinne, wenn diese höher liegt) (H_1) sowie aus der Höhe des Balkonbodens (Dämmstoffdicke, Belag und Gefälle) und der Anschlußhöhe des Flügelunterteils (H_2). Damit bei Sturm und im Winter bei angewehtem Schnee kein Wasser in die Dachwohnung dringt, sollte zwischen dem späteren Balkonboden und der Unterkante der Tür eine Schwelle von mindestens 15 cm vorhanden sein. Berücksichtigen Sie, daß auch der Einbau eines Dachbalkons aus Serienelementen immer ein schwerwiegender Eingriff in die Dachkonstruktion ist und deshalb einen Bauantrag mit Berechnung der Statik erfordert. Bei der Veränderung der

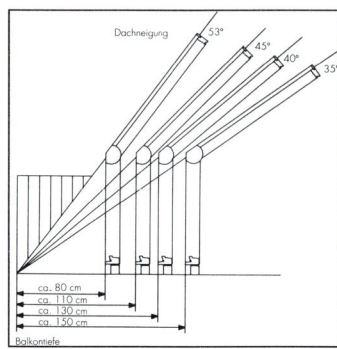

Abb. 2

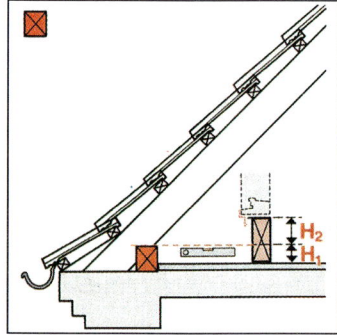

Abb. 3

Dachkonstruktion müssen Sie berücksichtigen, daß die Dachbalkonelemente nur in 78 cm Breite und mit einem Eindeckrahmen geliefert werden, der einen seitlichen Abstand der Elemente von exakt 10 cm erfordert (4). Denken Sie last not least an Ihre Sicherheit: Solange etwa noch nicht das geplante Geländer eingebaut ist, müssen für die Bauarbeiten die vorgeschriebenen Absturzsicherungen zur Verfügung stehen.

Erkundigen Sie sich vor Beginn der Bauarbeiten, am besten noch im Planungsstadium, bei den Bauberufsgenossenschaften über die entsprechenden Vorschriften.

Abb. 4

Abb. 6

Abb. 8

Abb. 5

Abb. 7

Abb. 9

Einbau

Zuerst werden die Rahmen der unteren Teile an der neuen Balkenkonstruktion angeschraubt **(5)**. Dann können die Fensterrahmenelemente in die Drehscharniere gesetzt, mit Montagewinkeln auf die Sparren aufgelegt **(6)** und ausgerichtet werden. Achten Sie auf den Sitz der Montagewinkel: Sie sollten direkt auf dem Sparren aufliegen und nicht auf eine Dachlatte treffen. Als nächstes hängen Sie die Tür- und Fensterflügel in die montierten Rahmen und richten die einzelnen Elemente nochmals so aus, daß die Flügel parallel verlaufen. Dann erst können Sie die Rahmen mit den bereits erwähnten Montagewinkeln an den Dach-

sparren verschrauben **(7)**. So können Sie der Reihe nach alle Dachbalkonelemente montieren. Zum Schluß müssen Sie noch den Eindeckrahmen anbringen. Je nach Höhe und Profil der Dachziegel werden übrigens unterschiedliche Eindeckrahmen angeboten. Montieren Sie zuerst die Abdeckungen der einzelnen Rahmen. Sie bestehen aus einem hellen Profil. Die Gelenke erhalten zusätzlich eine Schutzkappe. In die Zwischenräume kann nun ein U-Profil aus Aluminium eingeschoben und verschraubt werden **(8)**. An den Ecken verbindet ein Querblech die benachbarten Fensterelemente. Auf gleicher Höhe wird am Unterteil (Balkontür) ein querliegendes Ab-

deckprofil befestigt **(9)**. Auch an den Seiten werden noch Blendleisten auf die einzelnen Elemente aufgesetzt. Achten Sie beim Aufbau des Bodens für den neuen Dachbalkon auf absolute Dichtigkeit, denn eindringendes Regenwasser könnte die Baukonstruktion und darunterliegende Räume schädigen. Deshalb ist eine entsprechende Folienabdichtung zwingend vorgeschrieben.

Kellerausbau

Voraussetzungen

Ebenso wie beim Ausbau des Dachgeschosses gibt es beim Kellerausbau **(1)** einige Besonderheiten, die bereits bei der Planung berücksichtigt werden sollten.
Für den Ausbau von Keller- zu Wohn- und Aufenthaltsräumen setzen die Landesbauordnungen Mindestraumhöhen von meist 2,3 m und eine ausreichende Versorgung mit Tageslicht voraus (siehe dazu Seite 9 und 50).

Tieferlegung des Kellers

Genügt die Raumhöhe nicht den Anforderungen, kann notfalls die Kellersohle tiefergelegt werden. Für die künftige Raumhöhe muß der meist noch fehlende Fußbodenaufbau einschließlich Dämmung berücksichtigt werden.
Wer den Keller tieferlegen will, sollte sich bewußt sein, daß ein Abgraben der Kellersohle **(2)** nur bis zur Unterkante des vorhandenen Fundaments möglich ist, soll das Fundament nicht auch zusätzlich unterfangen, d. h. nach unten verlängert werden. In der Regel kann man durch das Herausstemmen des alten Kellerbodens und das Abgraben des Erdreichs bis zum Fundamentende die Höhe des Kellerraumes nur um wenige Zentimeter erweitern, da der neue Kellerboden erst nach dem Einbringen einer kapillarbrechenden Schicht, zum Beispiel aus Kies oder aus einer Noppen-

Abb. 1

Abb. 2

bahn, aufgebaut werden kann. Außerdem ist die Lage der vorhandenen Abwasseranschlüsse zu berücksichtigen. Soll der Boden der Kellerräume künftig tiefer als das Niveau des vorhandenen Kanalisationsanschlusses liegen, so ist es von Vorteil, zusätzlich einen Entwässerungsschacht mit Pumpanlage zu installieren, um eine Bodenentwässerung des Kellers (z. B. nach einem Wassereinbruch) zu ermöglichen oder um gegebenenfalls aus dem Erdreich eindringendes Sickerwasser abzuleiten.
Sind in den Kellerräumen Wasseranschlüsse vorhanden, dann müssen Sie auch das Abwasser, zum Beispiel von der Waschmaschine, abpumpen, wenn es nicht in höherliegende Abwasserleitungen, die noch mit natürlichem Gefälle in die Kanalisation führen, zu leiten ist.

Der Entwässerungsschacht, etwa 50 x 50 x 50 cm groß, wird gleich beim Erstellen der neuen Bodenplatte mitgegossen. Eine Tauchpumpe mit Schwimmschalter **(3)** pumpt immer dann, wenn sich der Schacht bis zur Einschalthöhe gefüllt hat, das Wasser durch einen überhöhten Rückstaubogen **(4)** ins Kanalnetz. Soll die Waschlauge einer Waschmaschine mit entsorgt werden, sollten Sie die Aufnahmekapazität des Schachtes verdoppeln. Für die Ableitung von Fäkalien genügt diese Lösung nicht, hierfür benötigen Sie entweder eine spezielle Hebeanlage oder eine Toilette mit bereits eingebauter Abpumpvorrichtung.

Abb. 3

Abb. 4

(6) und z. B. mit einer Trokkenmauer oder mit Palisaden zu befestigen.
Häufig scheitert der nachträgliche Ausbau von Kellerräumen zu Wohnzwecken, weil der Aufwand, die Baurechtsbestimmungen für Raumhöhe und Belichtung einzuhalten, zu hoch ist. Aber auch die Nutzung als Hauswirt-

schafts-, Hobby-, Fitneß- oder Partyraum stellt gewisse Anforderungen, die nicht jeder Kellerraum erfüllt. Zwar kann man hier durchaus Zugeständnisse an die Raumhöhe und die Belichtung machen, eine ausreichende Belüftung muß jedoch bei allen möglichen Fällen gegeben sein.

Fenster

Kellerfenster mit den üblichen Lichtschächten sind für eine Kellerwohnung nicht ausreichend. Zuerst müssen Wohnraumfenster installiert werden. Da im Keller besonders leicht einzusteigen ist, sollten sie zur Sicherheit mit einem Gitter gegen Einbruch geschützt werden **(5)**.
Wenn das Haus nicht am Hang liegt und das Kellergeschoß nicht wenigstens an einer Seite halb aus der Erde herausragt, kommt meist nicht genügend Licht durchs Kellerfenster, zumal häufig auch Bäume oder Sträucher im Garten vor dem Fenster stehen und zusätzlich für Schatten sorgen. Es bleibt jedoch die Möglichkeit, an Stelle der üblichen Lichtschächte eine großzügige Abböschung vor dem Fenster anzulegen

Abb. 5

Abb. 6

Schutz gegen Feuchtigkeit

Feuchtigkeit und gesundheitsschädliche Schimmelpilze sind ein häufiges Problem, das den Ausbau der Kellerräume erschwert. Die Ursachen für die Nässe können sehr vielfältig sein. Die Feuchtigkeit aus einem Lehmboden sorgt beim traditionellen Gewölbekeller für einen kühlen Lagerraum, der aber bei mangelnder Lüftung schnell muffig werden kann. Moderne Keller sind dagegen mit einer Betonbodenplatte und einer darunterliegenden Abdichtung gegen aufsteigende Feuchtigkeit versehen, ebenso sollten die Kelleraußenwände gegen eindringendes Wasser und gegen Feuchtigkeit zuverlässig geschützt sein.

Wenn es in einem solchen Keller feucht wird, ist meist die Abdichtung des Bauwerks nicht mehr in Ordnung. Zwar können auch undichte Wasser- und Abwasserrohre die Ursache für die Feuchtigkeit sein; das ist aber eher die Ausnahme. Häufiger passiert es da schon, daß Wasser aus defekten oder verstopften Regenwasserfallrohren über oder auch in der Erde ins Mauerwerk eindringt. Gehen Sie die Probleme gelassen an: Sie sparen Zeit und Kraft, wenn Sie zunächst nachsehen, ob nicht ein leicht zu behebender Fehler die eigentliche Ursache für die Feuchtigkeit im Keller ist. Sie kommen vielleicht um einen Riesenaufwand herum: Boden aufgraben, Erneuern der Kellerabdichtung!

Isolierung von innen

Kommen Sie nicht daran vorbei, das Kellermauerwerk gegen von außen oder von unten eindringende Feuchtigkeit neu zu isolieren **(7)**, sollten Sie einen örtlichen Fachbetrieb beauftragen. Vielfach angebotene Wundermittel von fliegenden Händlern sind häufig wirkungslos, und perfekte Lösungen von innen gibt es leider nicht. Die im folgenden Beispiel gezeigte Methode mit einer Noppenbahn ist ein Provisorium, das die Feuchtigkeit im Mauerwerk nicht beseitigt, sondern nur die Auswirkungen mildert. Für einen gelegentlich genutzten Hobbyraum ist es eine preiswerte Alternative, und es bietet sich auch dann an, wenn eine Abdichtung von außen nicht möglich ist, weil z. B. die Terrasse darüber liegt oder eine Garage angebaut ist. Für einen Ausbau des Kellers zu Wohnzwecken reicht eine Abdichtung durch Noppenbahnen jedoch nicht aus.

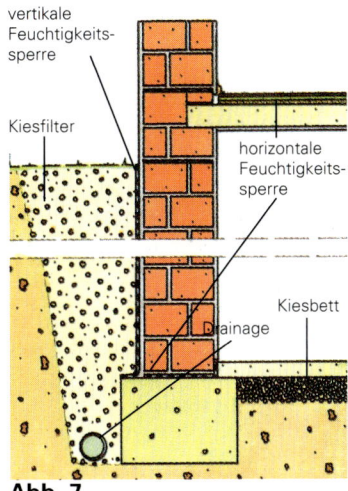

vertikale Feuchtigkeitssperre

Kiesfilter

horizontale Feuchtigkeitssperre

Kiesbett

Drainage

Abb. 7

Abb. 1

Abb. 2

Abb. 3

Abb. 4

Abb. 5

Bodenisolierung

In unserem Beispiel hat man den Kellerboden abgegraben, die vorhandenen Fundamente sind von einem Fachmann unterfangen worden. Auch hier müssen bereits Maßnahmen gegen aufsteigende Feuchtigkeit getroffen werden. Vor dem Einbau einer neuen Sohlplatte muß man zuerst eine kapillarbrechende Schicht erstellen. Dies ist meist eine etwa 8 bis 10 cm dicke Kiesschicht, die mit einer etwa 5 cm dicken Magerbetonschicht ergänzt werden kann. Alternativ wird hier eine Noppenbahn verwendet, die genügend Hohlräume bietet, in denen sich aufsteigendes Wasser gegebenenfalls sammeln kann.

Die Kunststoffschicht der Noppenbahn verhindert gleichzeitig, daß der frischgegossene Beton der neuen Bodenplatte in den Untergrund eindringen kann. Bei konventioneller Bauweise mit Kies und Magerbetonschicht ist sonst eine Kunststoffolie als Zwischenlage notwendig.

Die Arbeitsschritte im einzelnen: Verlegen Sie nach dem Einbringen der Kiesschicht die Noppenbahnen überlappend **(1)** und verteilen Sie den Beton für die neue Sohlplatte. Eine Baustahlmatte wird von oben in die feuchte Betonschicht gedrückt **(2)**, anschließend wird die Betonoberfläche abgezogen. Vor dem weiteren Ausbau des Kellers sollte dann noch ein

schwimmender Estrich (siehe Seite 56) angelegt werden.

Wandisolierung

Auch feuchte Wände müssen instand gesetzt werden. Eine horizontale Abdichtung gegen aufsteigende Feuchtigkeit ist bereits beim Verlängern des Fundamentes vorgenommen worden. Da eine Abdichtung der Wände von außen nicht möglich war, wurden die Wände von innen mit einer 8 mm dicken feuchtigkeitssperrenden Noppenbahn verkleidet **(3)**. Sie schafft eine trockene Wandoberfläche, hinter der genügend Luft zum Abtrocknen der ins Mauerwerk eingedrungenen Feuchtigkeit zirkulieren kann. Alle 30 cm wird sie mit Dübeln an der Wand befestigt. Achten Sie auch beim späteren Ausbau darauf, daß der Hohlraum hinter der Noppenbahn durch Profilleisten an Boden und Decke gut zu belüften ist.

Da die verwendete Noppenbahn bereits mit einem Putzträgergewebe versehen ist, können Sie Gipskartonplatten mit Baukleber direkt auf die Wand setzen (4). Kleine Anstandshölzer am Boden sorgen dabei für die Einhaltung der notwendigen Belüftungsschlitze. Nach dem Abspachteln der Fugen können Sie die Wand tapezieren (5). An dieser Stelle muß unbedingt noch einmal betont werden, daß die gezeigte Methode nur eine Notlösung ist. Bei von außen ins Mauerwerk eindringendem Wasser muß letztlich, auch zur Verhinderung größerer Bauschäden, die Kellerwand von außen abgedichtet werden.

Abdichtung von außen

Für eine fachgerechte Sanierung muß man die Bodenverhältnisse genau kennen. Nur bei gut wasserdurchlässigen Böden genügt meist eine Erneuerung der Abdichtung mit wasserundurchlässigem Mörtel, einer Dichtschlämme oder einem Bitumenanstrich. Bei bindigen Böden, bei denen sich nach einem Regenguß das Wasser an der Kellerwand stauen kann, ist eine Folienabdichtung in Kombination mit einer zusätzlichen Drainage vorzuziehen. Ist bei hochliegendem Grundwasser gar dauerhaft mit drückendem Wasser zu rechnen, muß der Keller seitlich

und von unten in eine wasserdichte Wanne gesetzt werden – ein Aufwand, der nachträglich kaum selber zu bewerkstelligen ist.

Auch wenn bei der Isolierung der Grundmauern der Fachmann herangezogen werden sollte, lassen sich hier durch Eigenleistung einige Mark sparen, z. B. wenn man das Erdreich selber aufgräbt und nach dem Anbringen von Wärmedämmung, Isolierung und Drainage die Erde auch wieder auffüllt, zumindest dort, wo es nicht mit einem Bagger leichter erledigt werden kann.

Wärmedämmung

Wenn die Kelleraußenwand zum Anbringen einer neuen Abdichtung bereits aufgegraben ist, sollte in diesem Zusammenhang ebenso die Wärmedämmung verbessert werden, denn auch bei der Kellerwand ist die Außendämmung die bautechnische sinnvollste Lösung, da der Taupunkt selbst bei Bodenfrost in der Dämmschicht und nicht im Mauerwerk liegt, die Mauer als natürlicher Wärmespeicher dienen kann und Wasser- und Abwasserleitungen in gedämmten Außenwänden nicht so schnell einfrieren. Eine Innendämmung ist dann vorzuziehen, wenn die Kellerräume nur gelegentlich genutzt werden. Da hier die Wand weder als Wärme- noch als Kältespeicher funktioniert, lassen sich Kellerräume mit Innendämmung bei Bedarf schneller aufheizen.

Außendämmung

Fachleute bezeichnen die Außendämmung auch als Perimeterdämmung (6). Der Dämmstoff braucht eine bauaufsichtliche Zulassung, wie sie z. B. für extrudierte Hartschaumplatten (z. B. Styrodur) vorliegt. Die Platten werden auf die Grundmauern geklebt oder gedübelt. Das Wärmedämmsystem darf nicht unter Fundamenten oder bei drückendem Wasser verwendet werden. Die Außendämmung sollten Sie ebenso wie die dabei notwendige Außenabdichtung einem Fachmann überlassen. Sparen läßt sich aber auch hier wieder bei den Vorarbeiten.

Abb. 6

Innendämmung

Bei intakter Abdichtung der Außenwände ist der Aufwand für eine Außendämmung des Kellermauerwerks sehr hoch und manchmal auch nachträglich kaum mehr möglich. Statt ganz auf die Dämmung zu verzichten, sollten Sie dann lieber zu einer Innendämmung greifen. Hierzu bieten sich im Prinzip die schon bei der Dachdämmung genannten Materialien an. Als Voraussetzung für eine wirkungsvolle Innendämmung gilt, daß die Wand trocken ist und von außen keine Feuchtigkeit durch das Mauerwerk in die Dämmschicht dringt.

Zwei Arbeitsweisen sind bei der Innendämmung üblich. Eine Möglichkeit besteht im Dämmen mit einem gewöhnlichen Dämmstoff und anschließendem Bekleiden der Wand, z. B. mit Gipskartonplatten oder auch Profilbrettern. Alternativ kann man auch Verbundelemente aus Gipskarton- oder Gipsfaserplatten mit aufkaschierter Dämmschicht nehmen.

Dämmen und anschließendes Bekleiden

Die Dämmung wird auf folgende Weise angebracht: Zunächst werden in der Breite der Dämmstoffplatten Latten an die Wand gedübelt **(1)**. Die Felder zwischen den Latten werden vollständig mit Dämmstoff **(2)** gefüllt. Eine Hinterlüftung der Dämmschicht benötigen Sie hier nicht, vorausgesetzt, die Kellerwand ist trocken. Allerdings sollten Sie auf der warmen Seite vor der Dämmung auch wieder eine PE-Folie als Dampfsperre anbringen, um zu verhindern, daß Luftfeuchtigkeit in der Dämmschicht kondensiert und sie wirkungslos macht. Anschließend wird die Wandbekleidung **(3)** angebracht und verspachtelt **(4)**. Sie kann entweder direkt auf die vorhandenen Latten geschraubt oder mit einer zusätzlichen Konterlattung sorgfältig befestigt werden.

Abb. 1

Abb. 3

Abb. 2

Abb. 4

Obwohl auch Holz einen relativ guten Dämmwert hat, können Sie Wärmebrücken über das Holz vermeiden, wenn Sie die Latten mit einem Dämmstoffstreifen unterfüttern. Bewährt hat sich dabei ein Verfahren, bei dem zuerst 3 cm dicke Hartschaumplatten mit versetz-

ten Fugen dicht gestoßen mit Montagekleber befestigt werden. Hierauf werden Dachlatten gelegt, ins Mauerwerk durchgebohrt und mit Dübeln befestigt **(5)**. Der Abstand der Latten ist so zu wählen, daß eine weitere Dämmstofflage »preß« eingepaßt werden kann.

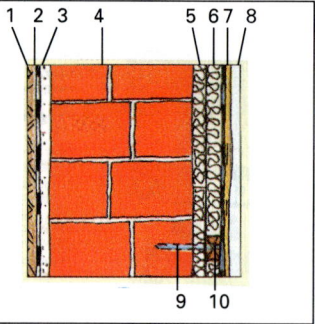

1 Erdreich
2 Bitumenanstrich
3 Außenputz
4 Kellermauerwerk
5 Hartschaumdämmschicht
6 Hartschaumdämmschicht stoßversetzt
7 Dampfsperre
8 Wandbekleidung (z. B. Gipskartonplatten oder Profilholz)
9 Dübel
10 Holzlatte

Abb. 5

Abb. 6

Außerdem sollten Sie beim Anbringen der Latten auch gleich die Befestigung der Wandbekleidung mitberücksichtigen. Bei senkrechter Verlegung von Profilbrettern müssen die Latten waagerecht verlaufen **(6)** – selbstverständlich gilt dies auch beim umgekehrten Fall.

Dämmen und Bekleiden mit Verbundplatten

Bei Verbundplatten können Sie gleichzeitig dämmen und bekleiden. Die Platten werden aufgeklebt oder auf eine Lattung geschraubt (Material, Untergrund!). Die Konstruktion der Platten erlaubt meist den Verzicht auf eine Dampfsperre. Gipskarton-Verbundplatten mit Fuchsschwanz zuschneiden **(7)**! Klebemörtel etwa 5 cm vom Rand entfernt auftragen, einige Batzen in die Mitte **(8)**! Eine Person kann die Platte bequem auf die Wand setzen; es genügt ein leichter Andruck **(9** und **10)**. Feinarbeit mit der Richtlatte: Bei frischem Mörtel können Sie die Platte so ausrichten, daß sich eine glatte Oberfläche

ergibt **(11)**. Achten Sie beim Verlegen der Verbundplatten darauf, daß keine Kreuzfugen entstehen. Dies läßt sich meist ganz einfach machen, wenn Sie mit dem in der ersten Reihe übriggebliebenen Reststück die zweite Reihe beginnen und dann mit ganzen Platten weiterarbeiten. In der dritten Reihe beginnen Sie mit dem Reststück aus der zweiten Reihe oder wieder mit einer ganzen Platte.

Nach dem Verspachteln der Fugen **(12)** können die Verbundplatten direkt tapeziert oder auch mit einem Rauhputz oder einer anderen Wandbeschichtung versehen werden. Je nach Material und Beschichtung ist noch eine Grundierung erforderlich.

Abb. 7

Abb. 8

Abb. 9

Abb. 10

Abb. 11

Abb. 12

Fußbodenaufbau

Besondere Beachtung erfordert der Kellerboden. Je nach vorhandenem Untergrund sind unterschiedliche Arbeiten erforderlich. Alte Keller haben häufig einen Boden aus gestampftem Lehm oder Ziegelsteinen, die direkt auf den gewachsenen Boden aufgebracht wurden. Bei einem solchen Untergrund sollte zuerst eine neue Bodenplatte gegossen werden (siehe Seite 57).
Moderne Keller besitzen bereits eine Betonplatte, die mit einem Glattstrich oder mit einem Estrich versehen ist. Durch Setzungen des Gebäudes, aber auch durch mangelnde Ausführungen kommt es häufig zu Rissen und Undichtigkeiten in der Bodenplatte und den Dichtungsschichten. Diese Mängel müssen Sie vor dem Innenausbau des Kellers unbedingt beseitigen.

Schwimmender Estrich

Damit es im Kellerraum keine kalten Füße gibt, sollte für den Ausbau, auch zu Nutzräumen, ein schwimmender wärmegedämmter Estrich verlegt werden. Im angrenzenden Erdreich herrschen das ganze Jahr hindurch praktisch konstante Temperaturen, so daß es hier auch im Sommer zu Wärmeverlusten kommt. Wichtiger noch als die Wärmedämmung ist die Verhinderung von Tritt- und Körperschall. Deshalb ist ein solcher Estrich auch rundherum

Abb. 1

Abb. 2

Abb. 3

Abb. 4

Abb. 5

Abb. 6

mit Dämmstoff vom Mauerwerk und dem darunterliegenden Boden getrennt – er »schwimmt« gewissermaßen in einer »Wanne« aus Dämmstoff.
Beim Erstellen eines schwimmenden Estrichs muß als erstes der Kellerboden von Staub und losen Teilen gerei-

nigt werden. Dann wird der Untergrund mit einer Dichtungsschlämme oder auch mit einem Bitumenanstrich abgedichtet, damit keine Feuchtigkeit von unten in die Dämmschicht dringen kann. Streuen Sie die Dichtungsschlämme einfach ins Wasser ein, rühren Sie sie dabei knollenfrei an und warten Sie fünf Minuten bis zur Verarbeitung (1). Dann kann die Dichtungsschlämme mit einer Rolle oder einem Quast satt aufgetragen werden. Ziehen Sie die Schicht auch einige Zentimeter an der Wand hoch (2). Wenn die Schlämme durchgetrocknet ist, können die Trittschall- und Wärmedämmplatten verlegt und mit einer Kunststoffolie abgedeckt werden. Diese Folie soll verhindern, daß der Estrichbeton in die Dämmschicht läuft. Ein rundherum verlegter Dämmstoffstreifen hält den Estrich auf Abstand zur Wand und soll so die Übertragung von Körperschall verringern (3). Nach diesen Vorarbeiten kann der schwimmende Estrich angelegt werden. Der Estrichbeton wird in einer Raumecke beginnend gleichmäßig auf dem Kellerboden verteilt (4) und mit einer Richtlatte sauber abgezogen (5). Da dies ebenso wie der anschließende Glattstrich mit der Reibekelle (6) etwas Übung erfordert, sollte man die Arbeit besser einem erfahrenen Profi überlassen. Nach etwa zwei Tagen kann der Estrich betreten werden. Bis zum Verlegen des Fußbodenbelages müssen Sie sich aber noch etwas gedulden, denn nach einer bewährten Regel muß der Estrich mindestens 28 Tage durchtrocknen.

Estrichelemente

Die modernen Estrichelemente aus Basis Gipskarton-, Gipsfaser- oder Spanplatten im Verbund mit einer Dämm-

Abb. 7

Abb. 8

Abb. 9

Abb. 10

schicht (Hartschaum, Mineralfaser) sind einfacher zu verlegen, aber auch dafür muß der Kellerboden sauber und trocken sein; u. U. muß die Bodenplatte mit einer Abdichtung versiegelt werden. Die Elemente, hier: Platten aus Gipsfaser und Hartschaum, werden verklebt und verschraubt. Die Elemente lassen sich gut verlegen, da sie abwechselnd überlappende Kanten haben. Fixiert wird beim Verlegen (Spezialkleber). Die Platten müssen fugendicht zusammenstoßen (7, 8). An den Stößen werden noch kurze Schnellbauschrauben hindurchgeschraubt (9). Im Hintergrund sieht man übrigens den Randstreifen aus Dämmstoff, der auch hier für eine Entkop-

pelung der Estrichelemente von den anderen Bauteilen des Hauses sorgen soll. Zum Schluß werden die versenkten Schraubenköpfe und die Fugen verspachtelt (10). Dabei sollten Sie möglichst in zwei Schritten arbeiten. Drücken Sie zuerst den Fugenspachtel mit einer Traufel gut in die Fugen und Schraubenlöcher, schleifen Sie Unebenheiten ab. In einem zweiten Arbeitsgang wird feingespachtelt. Wenn der Fugenspachtel trocken ist, kann der Bodenbelag direkt auf diesen Trockenestrich verlegt werden. Eine Wartezeit von mehreren Tagen oder Wochen wie beim Betonestrich entfällt.

Innenausbau

Zwischenwände

Glücklich, wer seinen Ausbau frei planen kann und nicht auf vorhandene Innenwände Rücksicht nehmen muß. Bei Kellern und den übrigen Vollgeschossen wird der Wohnraum meist in verschiedene Zimmer aufgeteilt sein. Neue Raumaufteilung, neue Wände – das heißt, die alten müssen zunächst entfernt werden. Dies kann die Statik beeinflussen: Konsultieren Sie unbedingt einen Fachmann!

Anders ist es unterm Dach, wo meist noch keine Wände existieren. Deshalb hat der Bauherr noch freie Hand und kann die Raumgrößen so planen, wie es den eigenen Wünschen entspricht.

Bei der Planung von Zwischenwänden sollten Sie auf den Verlauf von Leitungen für Wasser, Abwasser und Heizung Rücksicht nehmen. Im Einfamilienhaus werden keine besonderen Ansprüche an den Schallschutz gestellt. Wenn Sie jedoch eine Einliegerwohnung abtrennen wollen, sollte die Wand das im Geschoßwohnungsbau notwendige Schalldämmaß für Wohnungstrennwände von mindestens 52 dB erreichen. Ein erhöhter Schallschutz kann das Nachbarschaftsverhältnis verbessern. Für den Bau von nichttragenden Zwischenwänden haben Sie zwei Möglichkeiten: Stein auf Stein mauern oder eine Ständerkonstruktion erstellen und sie in Trockenbauweise mit Gipskarton-, Gipsfaser- oder Spanplatten beplanken.

Massive Zwischenwände aus Porenbeton

Zum Erstellen massiver Zwischenwände können Sie im Prinzip jeden üblichen Wandbaustoff verwenden, bis hin zu transparenten Glasbausteinen. Berücksichtigen Sie aber unbedingt die mögliche Traglast der Decke, auf der Sie die Trennwand aufstellen wollen, und bevorzugen Sie leichte Steine für die nichttragenden Innenwände! Gegebenenfalls müssen Sie einen Statiker fragen.

Besonders geeignet für massive Wände im Innenausbau sind Planblöcke aus Porenbeton, bisher besser unter dem Namen Gasbeton bekannt. Porenbeton besteht aus den Rohstoffen Kalk, Sand und Wasser, die zusammen mit einem Treibmittel in Formen gegossen werden. Nachdem die Mischung wie ein Hefekuchen aufgequollen ist, wird sie in handliche Blöcke geschnitten und unter Dampf gehärtet. Das Ergebnis: Ein Kunststein mit geringem Gewicht und guter Wärmedämmung, der sich gut bearbeiten läßt. Die Steine lassen sich mit dem Fuchsschwanz genau aufs gewünschte Format sägen. Bei großen Vorhaben lohnen sich elektrische Universalsägen wie Elektrofuchsschwanz oder Alligator. Als gute Alternative kann man häufig bei Steinlieferanten eine professionelle Bandsäge zu günstigen Preisen ausleihen, mit der sich dann auch komplizierte Zuschnitte leicht anfertigen lassen. Porenbeton-Planblöcke gibt es in verschiedenen Formaten. Die gängigsten Größen sind 50 bzw. 62,5 cm Länge und 25 cm Höhe bei Breiten von 5 – 37,5 cm. Für Trennwände sollten Sie mindestens 10 oder 12,5 cm dicke Steine nehmen.

Mauern mit Porenbeton

Das Schwierigste beim Mauern mit Porenbeton ist das Verlegen der ersten Steinreihe, die absolut waagerecht im Mörtelbett verlegt werden muß **(1)**. Kontrollieren Sie dies immer wieder mit

Abb. 1

der Wasserwaage, und klopfen Sie die Steine gegebenenfalls mit einem Gummi-
hammer vorsichtig in die richtige Position. Auch eine in
Höhe der Steinoberkante ge-
spannte Schnur kann beim
Ausrichten eine Hilfe sein.
Falls Sie noch keine Übung
im Mauern mit Porenbeton-
steinen haben, holen Sie
sich für die erste Reihe einen
Fachmann zu Hilfe, denn
sie ist entscheidend für die
Ausführung des weiteren
Mauerwerks.

Ab der zweiten Reihe geht's
ganz einfach, da dann mit
Dünnbettkleber weitergear-
beitet wird. Tragen Sie ihn
mit einer speziellen Planstein-
Zahnkelle, die genauso breit
ist wie der Stein, dünn auf
Lager- und Stoßfuge auf **(2)**.
Mit etwas Übung geht das
auch ohne Kleckern. Bei kleineren Bauprojekten lohnt es
sich, den fertigen Kleber in
der Kartusche zu kaufen. Er
läßt sich leichter auftragen
und erspart das jeweilige An-
setzen, ist allerdings wesentlich teurer. Der nächste Stein
wird aufgesetzt **(3)** und mit
dem Gummihammer in Posi-
tion geklopft **(4)**. Dank der
großen Steinformate ist der
Mauerfortschritt schnell sichtbar. Überprüfen Sie aber
nach jeder Steinreihe, ob die
Lagerfuge noch waagerecht
ist. Notfalls läßt sich mit
dem Schleifbrett etwas korrigieren **(5)**. Bei den neuen
Plansteinen mit Nut und
Feder können Sie übrigens
sogar auf den Kleber in der
Stoßfuge verzichten. Die
Plansteine werden nur noch
in der Lagerfuge verklebt
und dann einfach seitlich
ineinandergesteckt.

Abb. 2

Abb. 3

Abb. 4

Abb. 5

Vorteile von Porenbeton

Da die Porenbeton-Plan-blöcke sehr leicht zugeschnitten werden können, ist auch das Erstellen von Rundungen relativ einfach. Für Stürze oder Rundbögen gibt es außerdem spezielle Formteile. Wegen der leichten Verarbeitung ist Porenbeton auch beim Erstellen von Raumteilern oder Möbelwänden sehr beliebt.

Auch zum Erstellen kompletter Kamin- oder Kachelofenlandschaften **(6)** eignet sich das Material ganz hervorragend. Bei den späteren Installationsarbeiten zeigt sich Porenbeton ebenfalls von seiner guten Seite: Schlitze und Aussparungen lassen sich mit der Bohrmaschine oder einem Schlitzkratzer anferti-

gen; schneller geht's hier aber ebenfalls mit der Mauerfräse. Auch wenn Wände aus Porenbeton bereits eine sehr gleichmäßige Oberfläche bilden, sollten sie vor dem Tapezieren mit einem dünnen Leichtputz versehen werden. Alternativ können Sie auch gleich einen rustikalen Rauhputz auf die Wand aufbringen. Fliesen oder andere Wandbeläge lassen sich meist nach einer entsprechenden Grundierung direkt auf der Porenbeton-Oberfläche verlegen.

Wichtig für Befestigungen in Porenbeton: Normale Nägel lassen sich aus dem porösen Stein leicht wieder herausziehen, und auch die üblichen Spreizdübel halten weniger Last als in anderen Wandbau-

stoffen. Verwenden Sie deshalb für alle Befestigungen Spezialnägel und -dübel für Porenbeton.

Leichtbauwände

Leichtbauwände sind die schnelle Alternative für den Innenausbau. Auf einer Ständerkonstruktion aus Holzbalken oder Metallprofilen werden Bauplatten aus Gips, Gipskarton, Gipsfaser oder Holzwerkstoffen befestigt. Innen kann eine Lage Dämmstoff für besseren Schall-, Wärme- oder Brandschutz sorgen.

Profis bevorzugen Ständerkonstruktionen aus Metallprofilen, Selbermacher eine Unterkonstruktion aus Holzbal-

Abb. 6

ken. Wenn Sie allerdings den Ausbau allein vornehmen wollen, empfehlen sich vor allem die handlichen Ein-Mann-Platten **(1)**. Sie sind mit etwa 1 x 1,5 m Größe leichter zu transportieren und anzubringen als die raumhohen Ausbauplatten.

Gipskartonplatten
Zunächst einige Bemerkungen zum Sortiment an Gipskartonplatten: Am häufigsten werden wohl solche Gipskartonplatten verwendet, die aus einem Gipskern bestehen, der auf beiden Seiten mit einer Kartonschicht ummantelt ist. Diese Platten sind meist 12,5 mm dick. Es gibt auch andere Stärken: Zur Zeit werden vor allem noch 20 mm dicke Gipskar-

Abb. 1

Abb. 2

Abb. 3

Abb. 4

Abb. 5

tonplatten angeboten, die höhere Anforderungen an Schall- und Feuerschutz erfüllen und eine einfachere Befestigung von Lasten an der Gipskartonwand ermöglichen. Die Bearbeitung von Gipskartonplatten ist relativ einfach. Zum Ablängen werden die Platten auf der Ansichtsseite mit einem scharfen Messer angeritzt **(2)**, dann wird der Gipskern über eine Kante gebrochen **(3)**. Anschließend muß nur noch der Karton der Rückseite mit einem Messer durchgeschnitten werden **(4)**. Aber auch mit einer feinzahnigen Universalsäge lassen sie sich exakt zuschneiden. Zum Erstellen von Ausschnitten für Steckdosen und Lichtschalter eignet sich ein preiswerter Lochsägenvorsatz, der mit einer herkömmlichen Bohrmaschine angetrieben wird **(5)**.

Gipsfaserplatten

Im Gegensatz zu Gipskartonplatten bestehen Gipsfaserplatten aus nur einem Material, einem Gemisch von Gips und Zellstoff. Die Platte ist stabiler, und sie braucht keine Kartonbeschichtung. Bereits 10 mm dicke Gipsfaserplatten können als Feuerschutzplatten, z. B. auch an Kaminen und Schornsteinen, eingesetzt werden. Außerdem eignen sich normale Gipsfaserplatten auch für den Einsatz in Feuchträumen. Die Hersteller liefern hierfür spezielle Feuchtraumplatten, die meist am grünen Karton zu erkennen sind.

Kantenformen

In den Plattenkanten und der damit zusammenhängenden Fugentechnik unterscheiden sich die einzelnen angebotenen Produkte. Während Gipsfaserplatten mit geraden Kanten meist mit einer Fuge, die später mit einem Gipsfaserbrei ausgespachtelt wird, ver-

Innenausbau: Kantenausbildungen bei Gipskartonplatten				
Kurz-zeichen	**Bezeich-nung**		**Beschreibung**	**Verwen-dung**
AK	abgeflachte Kante		abgeflachte, kartonummantelte Längskanten, Querkanten maschinenschnittrauh oder scharfkantig	zum Verspachteln der Fugen
VK	volle Kante		volle, kartonummantelte Längskanten, Querkanten maschinenschnittrauh oder scharfkantig	für sichtbare Fugen
RK	runde Kante		runde, kartonummantelte Längskanten, Querkanten maschinenschnittrauh oder scharfkantig	zum Verspachteln der Fugen, für Sonderkonstruktionen
HRK	halbrunde Kante		halbrunde, kartonummantelte Längskante, Querkanten scharfkantig	zum Verspachteln ohne Bewehrungsstreifen
SK	scharf geschnittene Kante		SSK = Querkanten scharfkantig LSK = Längskanten scharfkantig 4SK = vierseitig scharfkantig	für sichtbare Fugen oder Fugenverklebung
FK	gefaste Kante		Längskanten scharfkantig gefast oder vierseitig scharfkantig gefast	für sichtbare Fugen
WK	Winkelkante		gefaste, kartonummantelte Kante	für sichtbare Fugen, z. B. Dekorplatten
RAK	runde, abgeflachte Kante		runde, abgeflachte kartonummantelte Längskanten, Querkanten maschinenschnittrauh oder scharfkantig	zum Verspachteln der Fugen

legt werden (Ausnahme Klebefugentechnik), gibt es Gipskartonplatten auch mit abgerundeten oder angefasten (abgeschrägten) Kanten, die eine Verlegung auf Stoß ermöglichen. Die unterschiedlichen Kantenformen erlauben das Erstellen sichtbarer Fugen oder die Verwendung von Bewehrungsstreifen. Bei Gipskartonplatten mit abgerundeten Kanten müssen Sie

Abb. 7

Abb. 8

Abb. 6

Holz-Einfachständerwand, einfach beplankt, Dicke 85 mm. 1 Dichtungsfilz, 2 Kantholz (40/60 oder 40/80 mm), 3 genutetes Anschlußholz mit Keil, 4 Mineralfaserdämmstoff, 5 Gipskarton- oder Gipsfaserplatte, 6 Fußleiste

Abb. 9

die Schnittkanten ebenfalls etwas anfasen. Dies läßt sich mit einem speziellen Kantenhobel **(6)** ganz leicht machen. Die Unterkonstruktionen sind bei allen Ausbauplatten ähnlich.

Gipskarton- und Gipsfaserplatten auf Holzunterkonstruktion

Holzunterkonstruktionen bestehen aus 40 x 60 cm dicken Hölzern (Güteklasse II), die mit einer Anschlußdichtung an Boden, Wand und Decke geschraubt werden. Der Befestigungsabstand sollte an Boden und Decke 80 cm, an der Wand 100 cm nicht überschreiten. In diesen Rahmen werden Ständerhölzer mit dem Maß 60 x 60 cm gestellt und mit

Nägeln oder besser noch mit Metallwinkeln befestigt. Der Abstand der Ständerhölzer muß zum Maß der verwendeten Platten passen. Bei 1 m breiten Ausbauplatten beträgt er dann genau 50 cm. Beim Erstellen der Unterkonstruktion für eine Trennwand müssen Sie gleich die Türöffnung mitberücksichtigen. Der Abstand der Ständer ist entsprechend der Breite der Türzarge zu wählen. Oberhalb der Zarge sollte ein Querriegel angebracht werden, der für zusätzliche Stabilität sorgt.
Während die raumhohen Platten immer hochkant verlegt werden, kann die Beplankung bei Ein-Mann-Platten auch natürlich in Querrichtung erfolgen.

Abb. 10

Zuerst wird eine Seite der Unterkonstruktion mit Platten versehen, dann zwischen den Ständern Dämmstoff angebracht **(7)**, die zweite Seite beplankt **(8 und 9)** und die Fugen abgespachtelt **(10)**. Eine Dampfsperre wie auf unserem Bild ist bei Innenwänden nicht unbedingt erforderlich. Lediglich wenn zwischen den Räumen ein starkes Temperaturgefälle herrscht, z. B. zwischen einem Wohnraum und einem kühlen Vorratskeller, sollte die Dämmschicht von der warmen Seite mit einer PE-Folie als Dampfsperre geschützt werden.

Aufbau eines Metallständerprofils

Die Alternative zur Holzunterkonstruktion ist ein Ständerwerk aus Metallprofilen **(1)**. Bei besonderen Anforderungen, etwa wenn ein erhöhter Schallschutz oder ein besserer Feuerschutz gefordert wird, können Doppelständerkonstruktionen verwendet werden, die gegebenenfalls auch von beiden Seiten doppelt beplankt werden. Als erstes wird der Verlauf der Trennwand mit einem Schnurschlag oder Richtscheit auf dem Fußboden angezeichnet **(2)** und anschließend mit Wasserwaage und Richtscheit an Wand und Decke übertragen. Die Metallanschlußprofile für Boden und Decke können Sie mit einer einseitig klebenden Anschlußdichtung alle 100 cm andübeln **(3** und **4)**. Die Anschlüsse an die benachbarten Wände werden mit Ständerprofilen erstellt und mit einer Anschlußdichtung an der Wand angebracht. Die 3,5 m langen Ständerprofile müssen Sie zuerst entsprechend der Raumhöhe ablängen, und zwar so, daß sie noch mindestens 1,5 cm in das Deckenprofil greifen. Schieben Sie sie zuerst in das Bodenprofil und dann in das Deckenprofil. Der Abstand

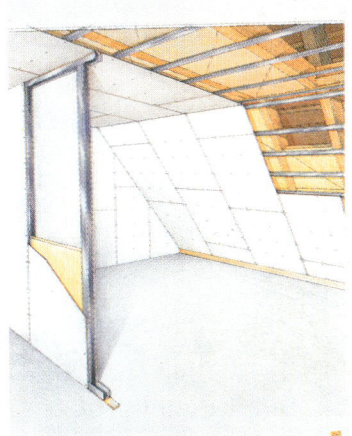

Abb. 1

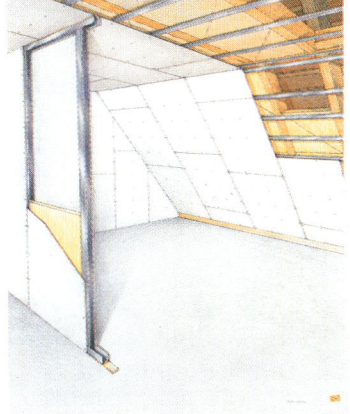

Abb. 3

Abb. 4

Abb. 2

Abb. 5

der einzelnen Ständer muß wiederum auf das Maß der Ausbauplatten abgestimmt sein und auf beiden Wandseiten jeweils eine um eine halbe Plattenbreite versetzte Beplankung ermöglichen: Bei 125 cm breiten Gipskartonplatten ergibt sich z. B. ein Abstand von jeweils 62,5 cm. Mit Schnellbauschrauben werden die Platten an der ersten Wandseite alle 25 cm befestigt **(5)**. Verwenden Sie

zum Eindrehen der Schrauben einen Elektroschrauber mit Tiefenanschlag, der verhindert, daß sich die Schraube durch die äußere Kartonschicht bei Gipskartonplatten hindurchzieht. Wenn die Länge der Ausbauplatten nicht bis zur Decke reicht oder Sie Ein-Mann-Platten verwenden, müssen Sie beim Verlegen ganz besonders darauf achten, daß keine Kreuzfugen entstehen.

Dämmung

Der gesamte Hohlraum wird mit Dämmstoff gefüllt. Dazu eignen sich Mineralfasermatten ebenso wie Hartschaumplatten.

Drücken Sie den Dämmstoff fest zwischen die Ständer, damit er später nicht zusammenrutscht und Wärmebrücken entstehen. Die offene Wand sollten Sie gleich nutzen, um die Anschlußdosen für Steckdosen und Lichtschalter einzusetzen und die Elektroleitungen zu verlegen. Durch die Beplankung der zweiten Wandseite erhält die Trennwand ihre endgültige Stabilität. Damit gegenüber der ersten Wandseite ein Fugenversatz von einem Ständerfeld entsteht, sollten Sie mit einer halben Plattenbreite beginnen (6).

Abb. 6

Oberflächenbearbeitung

Zum Schluß werden die Plattenfugen und Schraubenköpfe abgespachtelt. Verwenden Sie dazu am besten den vom Plattenhersteller gelieferten Fugenspachtel. Er muß meist nur mit Wasser angerührt werden. Drücken Sie die Spachtelmasse gut in die Fugen und auf die Schraubenköpfe, und spachteln Sie sie sauber ab. Während man bei Gipskartonplatten das Schleifen der Spachtelmasse möglichst vermeidet oder nur sehr vorsichtig zu Werke geht, damit die Kartonoberfläche nicht verletzt wird, ist es bei Gipsfaserplatten üblich, nach dem ersten Spachteln abzuschleifen und dann mit einem Feinspachtel nachzuarbeiten.

Manche Plattensysteme verlangen auch die Überbrückung der Fugen mit einem Bewehrungsstreifen. Hierzu müssen Sie ebenfalls einmal mit Fugenfüller vorspachteln (7), dann den Bewehrungsstreifen eindrücken und mit einer Spachtel glattstreichen (8). Der Bewehrungsstreifen sollte am besten noch dünn überspachtelt werden. Ein letztes Nachspachteln (9) und gegebenenfalls auch Nachschleifen sorgt dann für eine saubere Oberfläche der neuen Trennwand.

Vor dem Streichen oder Tapezieren der Wände müssen die Gipskartonplatten grundiert werden. Die Grundierung soll auch dafür sorgen, daß bei einem späteren Tapetenwechsel der Plattenkarton durch das Ablösen der Tapete nicht beschädigt wird. Selbst das Verfliesen der Wände ist kein Problem. Vor allem in Feuchträumen ist es erforderlich; dort sollten Sie vorher bereits imprägnierte Ausbauplatten verwenden, auf die die Fliesen im Dünnbett geklebt werden können.

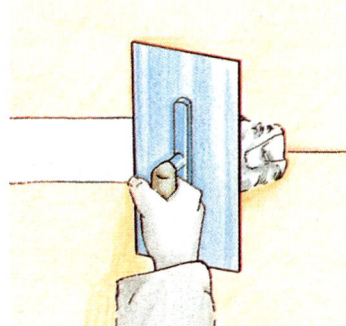

Abb. 7

Abb. 8

Abb. 9

Nehmen Sie dazu Kunststoffkleber auf Dispersionsbasis oder hydraulisch erhärtenden Kleber. Sie können Fliesen sogar auf unverspachtelte Plattenfugen kleben. Die Fugen werden dann beim Auftragen des Klebers mit ausgefüllt und schließlich überspachtelt.

Abb. 10

Abb. 11

Abb. 12

Türeinbau

Wer neue Wände zieht, muß Türen einplanen. Auch beim Ausbau vorhandener Räume wird man sie häufig neu einbauen wollen.

Wenn von Türen die Rede ist, sind meist die üblichen Drehtüren **(10)** gemeint, die entweder rechts oder links angeschlagen werden. Für beengte Raumverhältnisse eignen sich auch Schiebetüren, die vor oder in der Wand laufen, oder Falttüren **(11)**, die in der Türöffnung zusammengeschoben werden. Besonders repräsentativ wirken Doppeltüren **(12)** und Türen mit zusätzlichen Seitenteilen, die aber eine entsprechend größere Türöffnung voraussetzen.

Glasausschnitte im Türblatt dienen nicht nur zur Zierde, sondern häufig auch zur Belichtung fensterloser Flure. Neben den eher schlichten Sperrtüren mit glattem Türblatt sind zur Zeit Landhaustüren und Stiltüren sehr beliebt. Landhaustüren in Kiefer oder Fichte haben einen Massivholzrahmen und Füllungen aus Massiv- oder Sperrholz. Stiltüren werden dagegen häufig aus Holzwerkstoffplatten, die mit edlen Furnieren beschichtet sind, gefertigt.

Türen werden heute meist gleich mit den passenden Holzzargen gekauft. Zwar gibt es auch Türen, die man in preiswerte Stahlzargen einhängen kann, besser ist es jedoch, wenn Tür und Zarge aufeinander abgestimmt sind und auch das Material zueinander paßt.

Türfuttermontage

Die Montage eines Türfutters erfolgt auf der fertig verputzten Wand. Je nach System werden die Zargen vormontiert oder in Einzelteilen geliefert, die nach Montageanleitung erst noch mit Leim **(1)** und Klammern **(2)** verbunden werden müssen. Das Innenfutter muß so in die Türöffnung gesetzt werden, daß oben und seitlich jeweils mindestens 1,5 cm Luft ist **(3)**.

Abb. 1

Abb. 2

Abb. 3

Abb. 4

Abb. 7

Abb. 9

Abb. 5

Abb. 8

Abb. 10

Abb. 6

Mit speziellen Türfutterzwingen **(4)** oder auch mit normalen Schraubzwingen wird es in der Türöffnung gesichert und mit kleinen Holzkeilen fixiert. Wichtig ist, daß das Türfutterelement dabei im Lot steht, sonst hängt die Tür später nach innen oder außen. Prüfen Sie deshalb genau mit der Wasserwaage **(5)**. Bevor das Futter mit Montageschaum oder, wie in unserem Beispiel, mit Schaumstoffkissen und FCKW-freiem Ein-Komponenten-PU-Schaum **(6)** befestigt wird, müssen Sie innen mehrere Spreizhölzer anbringen. Damit die Oberfläche nicht zerkratzt wird, sollten Sie die Seitenteile am besten mit einem Spanplattenstreifen abpolstern, bevor Sie die Spreizen einklemmen **(7)**.
Mit der Wasserwaage überprüfen Sie die Ausrichtung der Zarge.
Da der hier verwendete FCKW-freie Montageschaum unter Feuchtigkeit reagiert, müssen Sie die Schaumstoffkissen kurz in Wasser tauchen **(8)** und dann oben so-wie seitlich auf der Höhe der Türbänder und des Schließbleches zwischen Futter und Wand schieben **(9)**. Mit der Kartuschenpistole drücken Sie den Montageschaum in die Öffnungen der Schaumstoffpolster. Markierungen auf der Kartusche zeigen genau wieviel Schaum pro Polster eingespritzt werden muß **(10)**.
Stecken Sie nun das vordere Futter so auf, daß es bündig mit der Wand abschließt.
Jetzt: Tür einhängen, Drückerbeschlag anschrauben. Die verschiedenen Bodenbeläge zweier Zimmer sollten möglichst unterhalb des Türblattes aneinanderstoßen. Unterschiedliche Fußbodenhöhen lassen sich durch den Einbau einer Türschwelle kaschieren.

Fußböden

Bei der Gestaltung von Fußböden spielt vor allem der Schallschutz eine wichtige Rolle. Denn Wände und Decken übertragen nicht nur Luftschall wie Sprache oder Musikgeräusche, sondern geben auch die Schwingungen von Körperschall weiter. Vor allem Gehgeräusche wirken sich als Trittschall in daneben- oder darunterliegenden Räumen störend aus (1). Gerade beim Ausbau von Dachgeschossen sollten Sie dies berücksichtigen, da bei den ursprünglichen Deckenkonstruktionen meist wenig Vorsorge gegen die Übertragung von Trittschall getroffen wurde. Die gängigsten Methoden zur Verhinderung der Trittschallübertragung sind das Anlegen eines schwimmenden Estrichs (siehe Seite 56) und das Abhängen der Decke mit Federbügeln oder Schwinghölzern (2). Mit einem schwimmenden Estrich auf weichfedernder Dämmlage aus Mineralfaser läßt sich der Trittschallschutz z. B. um 12 – 15 dB verbessern.

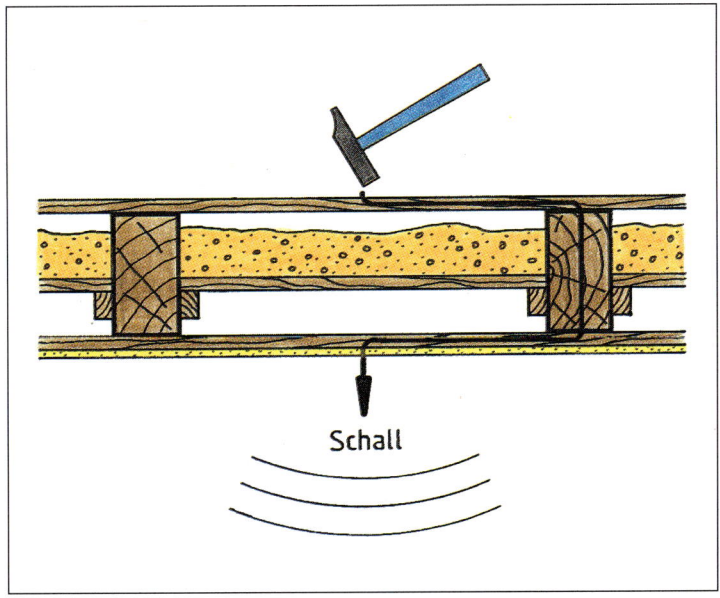

Abb. 1

Fußbodenausgleich mit Dämmschüttung

Eine Alternative dazu ist die Kombination von Estrichplatten, Trittschalldämmplatten und einer Dämmschüttung, die es auch ermöglicht, einen schiefen Untergrund, wie er in vielen Altbauten zu finden ist, auszugleichen. Eine solche Dämmschüttung kann auch auf einem alten Dielenboden aufgebracht werden, vorausgesetzt, die Dielen sind noch in Ordnung und tragfähig. Gegebenenfalls müssen einzelne Dielen vorher ausgewechselt werden.
Rollen Sie als erstes auf dem vorhandenen Boden Pack- oder Zeitungspapier als Rieselschutz aus (1). Damit die

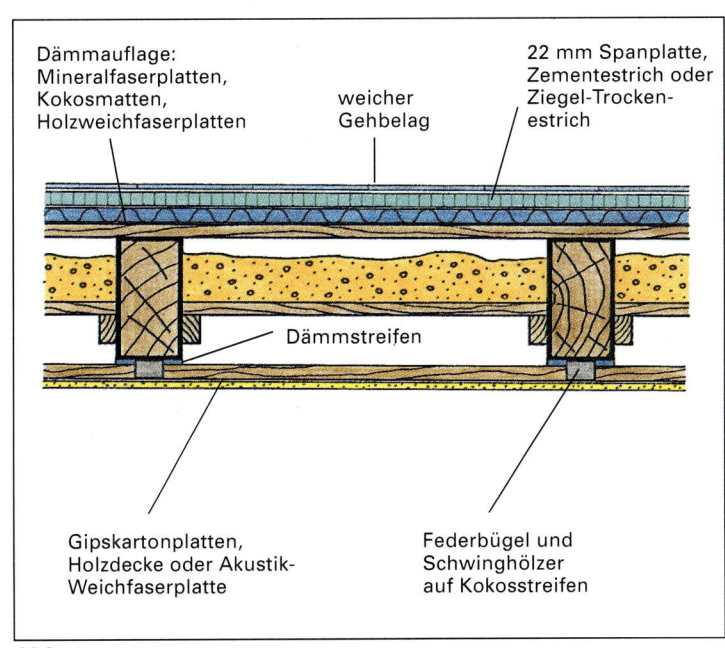

Dämmauflage:
Mineralfaserplatten,
Kokosmatten,
Holzweichfaserplatten

weicher
Gehbelag

22 mm Spanplatte,
Zementestrich oder
Ziegel-Trocken-
estrich

Dämmstreifen

Gipskartonplatten,
Holzdecke oder Akustik-
Weichfaserplatte

Federbügel und
Schwinghölzer
auf Kokosstreifen

Abb. 2

Bahnen nicht mit der Zeit verrutschen und doch Kleinteile der Schüttung durch die Fugen rieseln, wird das Packpapier mit Klebestreifen fixiert **(2)**. Dann muß das in Säcken gelieferte Schüttgut von einer Raumecke beginnend gleichmäßig verteilt werden **(3)**. Beginnen Sie bei schiefen Untergründen an der höchsten Stelle und ziehen Sie den Boden mit einer Abziehlehre waagerecht zur Raummitte hin ab **(4)**. Achten Sie darauf, daß die Schienen der Lehre genau im Wasser sind **(5)**. So arbeiten Sie sich Feld für Feld **(6)** von hinten nach vorn, immer zum Ausgang hin, vor **(7)**.

Auf der Schüttung werden jetzt 1 m² große Weichfaserplatten, die aus Holzabfall hergestellt wurden **(8)**, im Verbund Stoß an Stoß verlegt **(9)**. Die Paßstücke werden erst am Rand zugeschnitten, angelegt und an der überlappenden Kante genau abgeschnitten **(10)**. Für Heizkörperanschlüsse müssen Sie die Platten natürlich einfach aufschneiden und überstülpen **(11)**.

Bei Schütthöhen ab 60 mm muß jetzt die Fläche noch gut verdichtet werden. Dazu nimmt man am besten ein altes Schalungsbrett, legt es auf die Weichfaserplatten und stampft mit einem Vorschlaghammer oder einem Balkenstück mehrmals auf **(12)**. Als nächstes werden Trittschallplatten aus hochverdichteter Steinwolle quer zu den Weichfaserplatten verlegt, so daß die Fugen nicht übereinanderliegen **(13)**. Auf den so vorbereiteten Boden können jetzt alle Arten von

Abb. 1

Abb. 3

Abb. 2

Abb. 4

Abb. 5

Abb. 6

Abb. 10

Abb. 13

Abb. 7

Abb. 11

Abb. 14

Abb. 8

Abb. 12

Abb. 15

Abb. 9

Estrich verlegt werden. In unserem Beispiel sind es Estrichelemente aus Spanplatten, die mit Nut und Feder verleimt werden **(14)**. Mit einem Plattenrest als Schlagholz werden die Fugen auch wirklich dicht **(15)**. Anschließend können die üblichen Bodenbeläge wie etwa Teppich, Linoleum, Kork, Fliesen oder auch Holz aufgebracht werden.

Fertigparkett

Neben Teppichböden steht Holz in der Beliebtheitsskala der Bodenbeläge ganz oben. Allerdings sind Teak und andere Tropenhölzer out, im Trend liegen alle Arten heimischer oder nordischer Hölzer von Fichte und Kiefer über Birke und Esche bis hin zur Eiche.

Fertigparkett (1) besteht im Gegensatz zum traditionellen Parkett nicht aus einzelnen Holzstäbchen, die mühsam miteinander verleimt werden müssen, sondern aus furnierten Parkettdielen oder -tafeln, die leicht mit Nut und Feder ineinandergesteckt werden können. Es sieht gut aus und läßt sich leicht selbst verlegen.

Untergrund

Fertigparkett kann auf trockenen und ebenen Untergründen verlegt werden. Bei Betonuntergründen oder Böden in nicht unterkellerten Räumen sowie in warmen und feuchten Räumen muß zunächst eine PE-Folie als Dampfsperre ausgelegt und an den 20 cm überlappenden Stößen gut verklebt werden. Zur Minderung von Trittschall empfiehlt es sich, Fertigparkett schwimmend zu verlegen, z. B. auf einer Unterlage aus Wellpappe, Kork, Filz oder den üblichen Dämmstoffen. Normalerweise wird Fertigparkett längs zur Hauptlichtrichtung verlegt. Wenn es auf einen vorhandenen Dielenboden verlegt werden soll, müssen die Fertigparkettdielen aber grundsätzlich quer zu den alten Dielen verlaufen.

Abb. 1

Abb. 2

Abb. 3

Abb. 4

Verlegen

Beginnen Sie an einer geraden Wandseite mit der Nut zur Wand, und halten Sie etwa 1 cm Abstand als Dehnungsfuge. Die Fuge wird später mit einer Fußbodenleiste abgedeckt. Falls die Wand nicht gerade ist, legen Sie das erste Brett sauber an und übertragen Sie den Wandverlauf entlang eines kleinen Holzklotzes mit einem Bleistift auf das Brett (2), das dann mit einer Handkreissäge genau zugeschnitten werden kann.

Mit kleinen Holzkeilen können Sie die Lage des ersten Brettes an der Wand fixieren (3). Falls Sie in großen Räumen mehrere Dielen hintereinander verlegen müssen, wird die Stirnseite einge-

Abb. 5

leimt und die Diele mit einem Zugeisen so weit herübergezogen, bis der Stoß dicht ist (4).

Beginnen Sie die zweite Reihe dann mit dem Reststück, damit die Fugen nicht nebeneinander liegen. Spritzen Sie den Leim auf die Feder (5), und klopfen Sie das Element

Abb. 6

Abb. 7

Abb. 8

Abb. 9

Abb. 10

Abb. 11

mit einem Schlagholz in die Nut der ersten Parkettdiele **(6)**. Mit dem eigenen Körpergewicht können Sie leicht verhindern, daß die Dielen dabei nach oben gehen. Für Heizungsrohre oder -konsolen werden Löcher in die Fertigparkettdielen gebohrt, die etwa 20 mm größer sind als der Rohrdurchmesser **(7)**. So verhindern Sie Schallübertragungen und haben gleichzeitig eine Dehnungsfuge. Das hinter den Rohren sitzende Stück wird zum Verlegen ausgeschnitten **(8)** und später wieder angeleimt. Manschetten aus Kunststoff **(9)** oder Holzringe sorgen später dafür, daß die Aussparung für das Rohr nicht mehr sichtbar ist.

Das letzte Brett muß wieder genau eingepaßt werden. Dazu wird es genau auf die vorletzte Reihe gelegt. Entlang einem zweiten Brett, das mit der Feder an der Wand anstößt, läßt sich der Wandverlauf exakt markieren **(10)**. Es paßt dann so, daß noch genügend Luft zur Wand bleibt. Um auch die letzte Fuge dicht zu bekommen, wird wieder das Zugeisen eingesetzt. Mit ihm läßt sich das Wandbrett exakt in die Feder drücken. Bis zum Aushärten des Klebers müssen Keile den Boden noch halten. Danach kann er sofort belastet werden.

Dehnungsfugen

Achten Sie darauf, daß zu allen Wänden, Rohren, Pfosten oder Türrahmen eine Dehnungsfuge von 10 mm bleibt.

Türzargen können gegebenenfalls so weit eingekürzt werden, daß sich das Fertigparkett leicht unterschieben läßt **(11)**.

Die gesamte Fugenbreite sollte mindestens 1,5 mm pro Meter Raumbreite betragen. Bei einem 7 m breiten Raum sind das also mindestens 10,5 mm. Bei größeren Räumen oder der Verlegung über ein komplettes Stockwerk (ab etwa 10 m) empfiehlt sich sogar, den Parkettboden mit einer Dehnungsfuge in mehrere Teilflächen aufzuteilen. Solche Dehnungsfugen sollten dann in der Türöffnung liegen oder unter einem Teppich versteckt werden.

Teppichboden

Teppichböden gibt es aus pflanzlichen Fasern wie Baumwolle, Hanf, Kokos, Sisal oder Reisstroh ebenso wie aus Wolle, Seide oder anderen Tierhaaren und natürlich auch aus synthetischen Stoffen. Wichtig für die richtige Auswahl ist die Strapazierfähigkeit des Bodens. Teppichböden in Fluren und Büros, aber auch in Wohn- und Kinderzimmern sind höheren Belastungen ausgesetzt als die in Schlaf- oder Badezimmern. Beachten Sie deshalb bei der Auswahl des Bodenbelags die Kennzeichnung des Materials.

Teppichböden können lose auf dem Untergrund verlegt werden, mit doppelseitigen Teppichklebebändern fixiert, ganzflächig mit Kleber oder mit einer Teppichbodenfixierung gehalten werden. Verwenden Sie als Kleber möglichst ein umweltfreundliches, lösemittelfreies und geruchsarmes Material wie z. B. wasserhaltigen Naturharz-Dispersionskleber.

Zuschnitt

Beim Verlegen eines Teppichbodens wird zuerst eine etwas größer geschnittene Bahn ausgerollt. Mit dem Teppichmesser wird die erste Kante genau zugeschnitten **(1)** und an die Wand gelegt. Fußbodenleisten müssen entfernt werden.

Am gegenüberliegenden Ende wird der Teppichboden direkt in der Wandecke hochgeknickt und mit einem Teppichmesser oder besser mit einem Kantenschneider abgeschnitten **(2)**.

Abb. 1

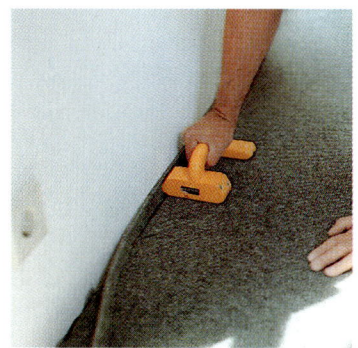

Abb. 2

Abb. 3

Abb. 4

Abb. 5

Abb. 6

Mit einem Bleistift können Sie die Lage der ersten Bahn auf dem Fußboden markieren **(3)**. Das erleichtert die Orientierung beim späteren Verkleben. Zuerst aber sollten Sie alle Bahnen auslegen und zuschneiden. Achten Sie darauf, daß die Teppichbahnen die gleiche Laufrichtung

haben, sonst kann durch unterschiedliche Lichtwirkung der Stoß hervorgehoben werden.

Verkleben

Zum Verkleben wird der Teppichboden zurückgerollt und der Kleber für die Hälfte der ersten Bahn mit der Zahn-

Abb. 7

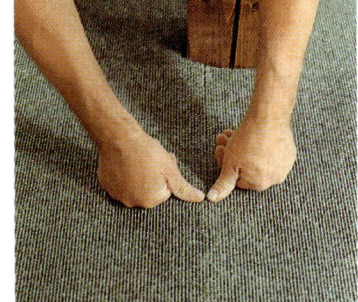

Abb. 9

Abb. 8

Abb. 10

spachtel aufgetragen und gleichmäßig verteilt **(4)**.
Nach etwa 15 Minuten Ablüftzeit kann die Bahn entlang der Markierungslinie ausgerollt und verklebt werden **(5)**. Dann wird die zweite Hälfte verklebt.

So wird Bahn für Bahn verlegt: Kleber für die erste Hälfte auftragen, den Teppichboden ausrollen und dann die zweite Hälfte verkleben. Dabei müssen Sie auf einen fugenfreien Stoß achten **(6)**. Bei einem Teppichboden mit markanten Rippen wie in unserem Beispiel sollten auch die Rippen versatzfrei verlaufen.

Hindernisse

Pfosten und andere Bauteile, die aus dem Boden herausragen, sind besonders störend beim Verlegen von Teppichböden. Schneiden Sie den kürzesten Weg zum Rand auf und passen Sie den Belag genau ein **(7)**. Wenn Sie die Teppichunterseite dann etwas anschrägen, fällt der Schnitt später nicht mehr auf **(8)**. Die Naht wird dann mit einem Nahtroller kräftig angedrückt. Zur Not geht es aber auch mit dem Daumen **(9)**. Selbst aus dem Boden ragende Konsolen von Heizkörpern sind bei dieser Verlegetechnik kein Problem **(10)**. In Kombination mit passenden Teppichfliesen lassen sich auch interessante Muster auf dem Boden legen **(11)**.

Abb. 11

Fliesen legen

Fliesen an Wand und Boden gelten als besonderer Schmuck. Sie lassen sich nicht nur in Bad und Küche, sondern auch in anderen Wohnräumen einsetzen.

Fliesenauswahl

Keramische Fliesen werden in Steingut- und Steinzeugfliesen sowie Ziegelplatten unterschieden. Steingutfliesen bestehen aus einem porösen, mit etwa 1.000° Celsius unterhalb der Sinterungsgrenze gebrannten Scherben (Fliesenrohmaterial meist aus Ton, Kaolin, Quarz und Feldspat). Sie werden meist glasiert als Wandfliesen eingesetzt und sind nicht frostsicher. Steinzeugfliesen brennt man mit höheren Temperaturen, durch den Sinterungsprozeß schmilzt dabei der Feldspat und fließt in die Poren des Scherbens. Daher sind sie frostsicher und auch im Außenbereich verwendbar. Glasiertes Steinzeug hat eine dichte und schmutzabweisende Oberfläche und wird in unterschiedliche Abriebgruppen eingeteilt: von I für sehr leichte Beanspruchung an Wänden oder Böden, die bar fuß oder mit Hausschuhen betreten werden (Schlafzimmer, Bäder) bis hin zur Abriebgruppe IV für sehr starke Beanspruchung, z. B. in Eingangsbereichen. Noch kratzfester und noch wesentlich widerstandsfähiger gegen Abnutzung ist nun allerdings unglasiertes Steinzeug. Ziegelplatten wie die italieni-

schen Cottoplatten bestehen aus einem grobkeramischen Scherben, der meist unterhalb der Sinterungsgrenze gebrannt wird. Sie sind deshalb sehr porös und nicht frostbeständig.

Wählen Sie die Fliesen entsprechend der jeweiligen Anwendung aus. Auf Fußböden müssen sie widerstandsfähiger sein als an der Wand. Zwar können Bodenfliesen auch an der Wand verlegt werden, sie haben jedoch den Nachteil, daß sie sich schwerer als Wandfliesen bearbeiten lassen. Das Anbringen eines Hakens für den Spiegelschrank oder gar das Bohren der Löcher für Steckdosen und Lichtschalter kann dann zum Problem werden. Selbst spezielle Fliesen- oder Glasbohrer mit Hartmetallschneiden sind bei besonders hart gebrannten Fliesen manchmal schon nach dem ersten Loch stumpf. Etwas länger halten sie, wenn man beim Bohren mit Wasser oder Öl kühlt.

Wandfliesen

Fliesenlegen galt lange Zeit als hohe Kunst, die nur Fachhandwerker beherrschten. Moderne Klebetechnik (Verlegung im Dünnbett) hat diese Arbeit aber mittlerweile so sehr vereinfacht, daß sie zu einer der beliebtesten Do-it-yourself-Tätigkeiten beim Bau geworden ist. Dennoch sind einige Voraussetzungen zu beachten, wenn Sie sich später an einem harmonischen und haltbaren Fliesenbelag möglichst lange erfreuen wollen.

Untergrund

Am wichtigsten ist die richtige Vorbereitung, des Untergrundes zum Verfliesen. Er soll eben, fest, staub- und fettfrei sein. Außerdem darf er nur so saugfähig sein, daß der Kleber nicht zu schnell einzieht.

Wurden früher beim Dickbettverfahren leichte Unebenheiten durch eine etwa 2 cm dicke Mörtelschicht ausgeglichen, so muß der Untergrund beim Dünnbettverfahren vor dem Verlegen der Fliesen mit Spachtelmasse geglättet werden.

Alte, nicht tragfähige Anstriche und Tapeten müssen vorher entfernt, stark sandende Untergründe mit einem Tiefengrund (häufig noch lösemittelhaltig) verfestigt werden. Meist genügt aber eine lösemittelfreie Grundierung. Achten Sie darauf, daß Sie den passenden Kleber für die verschiedenen Untergründe wählen (siehe Tabelle). Bedenken Sie, daß für besondere Beanspruchungen, z. B. in Feuchträumen oder im Außenbereich, nicht jeder Kleber geeignet ist.

Fliesenraster

Bevor Sie die Fliesen anbringen, müssen die Wände ausgelotet (1) und der Verlauf des Fliesenrasters festgelegt werden. Es ergibt sich aus der Fliesengröße plus der gewünschten Fugenbreite (mindestens 2 mm). Je größer die Fliesen sind, desto breiter dürfen auch die Fugen sein.

Soll der Raum nur halbhoch verfliest werden, müssen Sie sich am Boden orientieren, bei schiefen Böden am tiefsten Punkt des Bodens. Hier soll die unterste Fliesenreihe gerade auslaufen (plus 5 mm Dehnungsfuge). Bei raumhoher Verfliesung sollte die oberste Fliesenreihe ohne Zuschnitt an die Decke stoßen (plus Dehnungsfuge), denn hier fallen kleine Fliesenstücke besonders unangenehm auf. Bei schrägen Decken läuft die letzte Fliesenreihe gerade am höchsten Punkt der Wand aus. Die erste Fliesenreihe sollte jedoch nicht direkt unter der Decke, sondern etwa in Augenhöhe verlegt werden. Ziehen Sie dazu auf der Wand einen waagerechten Strich als Orientierung. Der Abstand zum höchsten Punkt der Decke muß mit einem ganzen Fliesenraster aufgehen. Ziehen Sie den Strich unbedingt an allen vier Wänden durch. Jetzt fehlt noch die seitliche Aufteilung des Fliesenrasters. Nur selten wird das Rastermaß genau mit der Raumbreite aufgehen. Was ist zu tun? Die einfachste Methode besteht darin, die Fliesen vor der Wand

Vorbehandlung + Kleber		
Untergrund	**Vorarbeiten**	**Mörtel/Kleber**
Gipskarton	entstauben, Fugenbereiche gegen Bewegung sichern (Glasfaserstreifen), grundieren	Dispersionskleber[1] Reaktionsharzkleber[2]
Spanplatte	entstauben, Fugen gegen Bewegung sichern (verleimen), grundieren	Reaktionsharzkleber
Tragfähige Lack-, Öl- und Dispersionsfarbenanstriche	anrauhen, entstauben	Dispersionskleber Reaktionsharzkleber
Tragfähige Leim- und Kalkfarbenanstriche	abwaschen, nach Trocknung grundieren	Dispersionskleber Reaktionsharzkleber
Zementputze, Zementestrich, Beton, unglasierte Fliesen	entstauben	Dünnbettmörtel[2]
Glasierte Fliesen	reinigen, Haftgrund aus Dispersionskleber	Dispersionskleber ohne Haftgrund Reaktionsharzkleber
Ansaugende Putze	bürsten, grundieren	Dünnbettmörtel
Gasbeton	bürsten, doppelt grundieren	Dispersionskleber Reaktionsharzkleber

[1] geeignet für innen ohne Naßbereich
[2] geeignet für innen und außen

© Profitips 1989

Abb. 1

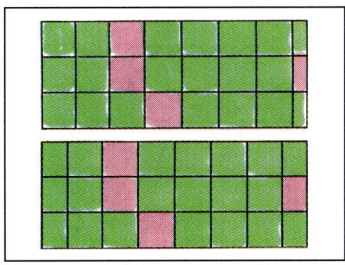

Abb. 2

auszulegen. Ist der Reststreifen am Rand kleiner als eine halbe Fliesenbreite, dann sollten Sie das Randstück in zwei gleich große Ausgleichsstücke auf beiden Seiten aufteilen. Die fallen weniger störend auf als schmale Randstreifen **(2)**.

Leider haben gerade Badezimmer häufig viele Ecken und Kanten. Hier geht das Fliesenlegen einfacher, wenn Sie schon beim Ausbau das Fliesenrastermaß berücksichtigen. Da Außenecken optisch hervorgehoben sind, sollten Sie hier mit ganzen Fliesen beginnen können. Speziell geformte Kantenfliesen oder Eckprofile aus Metall erleichtern das Erstellen sauberer Außenecken.

Verkleben

Der Dünnbettkleber wird mit einer Kelle auf der Wand aufgetragen und mit einer Zahnspachtel gleichmäßig verteilt. Tragen Sie immer nur für etwa 1 m^2 Kleber auf, und drücken Sie die Fliesen gleich fest in das Kleberbett **(3)**. Der Kleber sollte an mindestens zwei Dritteln der Fliesenrückseite haften. Dies können Sie kontrollieren, indem Sie ab und zu wieder eine Fliese abnehmen und die Rückseite anschauen. Drücken Sie anschließend die Fliese mit neuem Kleber wieder an.

Hilfsmittel

Falls Sie bisher wenig Übung beim Fliesenlegen haben, kann eine Richtlatte oder eine an die Wand geheftete Leiste als Anlagekante das Legen einer geraden Fliesenreihe erleichtern **(4)**. Für gleichmäßigen Abstand der einzelnen Fliesen können Fugenkreuze aus Plastik oder Streichhölzer sorgen. Der Profi benutzt außerdem noch eine Fliesenlegerschnur aus Gummiband, die zwischen den äußeren Fliesen ge

Abb. 3

Abb. 4

Abb. 5

Abb. 6

spannt wird und den Verlauf der Fliesenkanten zeigt. Kontrollieren Sie die fertigen Reihen immer wieder mit der Wasserwaage, denn solange der Kleber noch nicht angetrocknet ist, können Sie die Fliesen noch korrigieren.

Bodenfliesen

Bei Bodenfliesen verfahren Sie genauso. Der Übergang zu einem anderen Belag bereitet hier häufig Probleme, die sich am besten mit Abschlußprofilen aus Kunststoff oder Metall lösen lassen **(5)**. Achten Sie darauf, daß in den Raumecken wieder eine Dehnungsfuge bleibt. Die Bodenfliesen sollten nie stumpf an die Wand

stoßen, sondern mit einer Dehnungsfuge bis unter die Wandfliesen laufen. Die Alternative zu Dehnungsfugen, die mit Silikon ausgespritzt werden, sind Dehnungsprofile aus Kunststoff **(6)**. Sie werden gleich beim Verlegen der Fliesen mit eingebaut und sind im Gegensatz zu Silikonfugen wartungsfrei.

Fugenfüllung

Etwa zwei bis drei Tage nach dem Verkleben der Fliesen können Sie die Fugen füllen. Fugenmasse gibt es mittlerweile in einer Vielzahl von Farben. Sollen die Fugen nicht ausdrücklich betont werden, müssen sie den gleichen Ton wie die Fliesen haben oder etwas heller sein (bei dunklen Fliesen dunkler).

Abb. 7

Abb. 8

Abb. 9

Abb. 10

Je nach Fugenbreite benutzt man Fugenfüller oder Fugenmörtel (ab 5 mm breiten Fugen).

Mit einem Fuggummi oder einer Glättekelle wird die Fugenmasse auf die Fliesenfläche aufgetragen und diagonal über die Fugen verteilt **(7)**. Lassen Sie dabei aber die Dehnungsfugen unbedingt frei, am besten stopfen Sie sie vorher mit einer leinen Leiste oder mit Papier aus. Mit einem Schwamm und etwas Wasser wird die Masse gleichmäßig verteilt, bis alle Fugen gefüllt sind. Lassen Sie das Material etwas antrocknen. Dann können Sie die überschüssige Fugenmasse mit einem feuchten, aber nicht zu nassen Schwamm leicht von

den Fliesenoberflächen abwischen. Nun wird die Glasur mit einem weichen Lappen poliert. Als letztes werden die Dehnungsfugen mit dauerelastischer Silikon-Dichtmasse ausgespritzt **(8)** und die Oberfläche mit in Geschirrspülmittel getauchtem Finger glattgestrichen.

Werkzeug
Für den Erfolg beim Fliesenlegen ist auch das richtige Werkzeug notwendig. Zum Messen und Ausloten werden Meterstab, Senklot und Wasserwaage benötigt. Eine spezielle Richtschnur für Fliesenleger, die Fliesenlegerhexe, besteht aus einer Gummischnur, die mit zwei Haltern auf die äußeren Fliesen gelegt wird und den Verlauf

der ganzen Reihe anzeigt. Auch zum Bearbeiten benutzt der Fliesenleger Spezialwerkzeug. Während die Fliesenschneidezange schon etwas Übung erfordert, kommen auch Laien mit der Fliesenschneidemaschine **(9)** ganz gut zurecht. Mit einem Diamanträdchen wird die Fliesenoberfläche angeritzt und die Fliese über einer Kante gebrochen. Bei besonders harten Fliesen oder komplizierten Zuschnitten lohnt sich der Einsatz eines elektrischen Fliesenschneiders mit Diamantblatt. Auch für Winkelschleifer gibt es entsprechende Scheiben.

Löcher kann man mit einem spitzen Fliesenhammer vorsichtig in die Fliese schlagen **(10)** und dann mit der Lochzange (Papageienschnabel) herausarbeiten. Alternativ geht es aber auch mit einem Kreisschneider oder sogar durch Bohren einzelner Löcher in den Lochrand und Herausstemmen der entstandenen Stege.

Beim Verlegen benötigt man noch eine Zahnkelle zum Auftragen und Verteilen des Klebers. Die Zahnung hängt vom Untergrund und der Fliesenrückseite ab. Meist benutzt man an der Wand Kellen mit 3 mm Zahnung und am Boden solche mit 6 mm. Zum Verfugen werden noch Fuggummi und Schwamm benötigt.

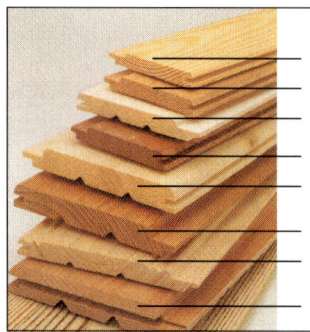

Red Pine, 30 Grad Schattennute, 11 x 94 mm
Hemlock, 30 Grad Schattennute, 12,5 x 94 mm
Fichte weiß transparent, Rundprofil, 14 x 121 mm
Western Red Cedar, 30 Grad Schattennute, 12,5 x 94 mm
Kiefer, Rundprofil, 19,5 x 146 mm
Western Red Cedar, Rundprofil, 19,5 x 144 mm
Fichte, Landhausprofil, 14 x 146 mm
Western Red Cedar, Systemlängen (Nut und Feder rundum), Rundprofil, 19,5 x 144 mm

Abb. 1

Abb. 6

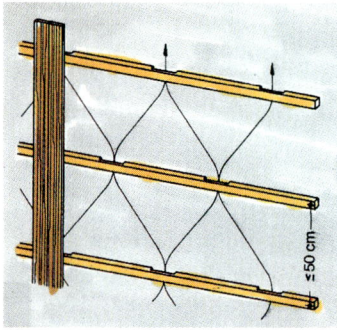

Abb. 2

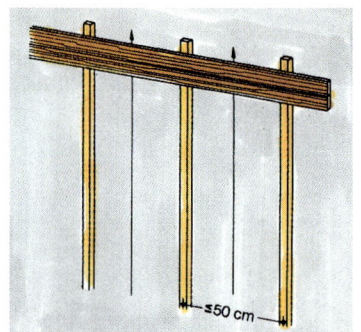

Abb. 4

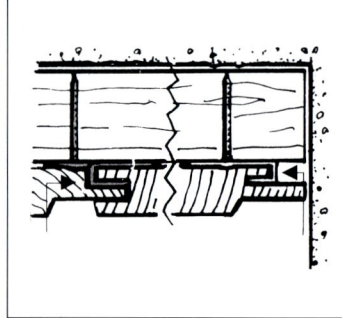

Abb. 7

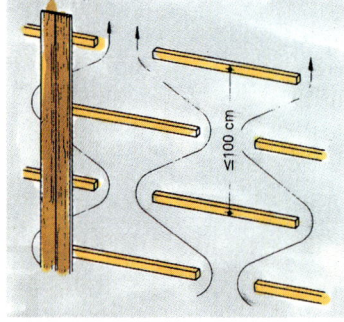

Abb. 3

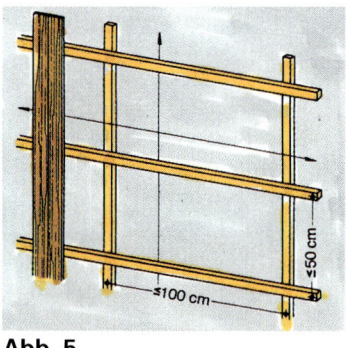

Abb. 5

Abb. 8

Holzbekleidung

Wand- und Deckenbekleidungen mit Holz bieten vielfältige Gestaltungsmöglichkeiten beim Innenausbau. Als Material eignen sich Massivholzprofile, die in verschiedenen Holzarten und Profilformen im Handel erhältlich sind (1). Alternativ kann man auch Holzpaneele nehmen, die im Kern aus einem Holzwerkstoff, meist Spanplatte, bestehen und furniert sind. Paneele werden meist in handlichen Tafeln geliefert, die rundherum eine Nut haben, in die beim späteren Verlegen eine Feder eingesetzt wird. Als Unterkonstruktion kann man eine einfache Lattung verwenden, mit der sich durch Unterfüttern auch Unebenheiten der Wand ausgleichen lassen. Die Zwischenräume können für eine zusätzliche Innendämmung der Wände genutzt werden.

Abb. 9

Abb. 10

Abb. 11

Abb. 12

In Feuchträumen muß zudem für eine gute Hinterlüftung der Profilholzbekleidung gesorgt werden. Dies kann durch ausgestemmte Lüftungsschlitze in waagerechten Latten **(2)**, durch Belüftungswege in versetzten Latten **(3)**, das senkrechte Verlegen der Lattenkonstruktion bei waagerecht angebrachten Profilhölzern **(4)** oder durch eine Konterlattung **(5)** geschehen.
Die Befestigung der Profilbretter kann mit sichtbaren Schrauben geschehen. Schöner ist jedoch eine unsichtbare Befestigung durch Nageln oder Tackern in der Nut oder durch die Verwendung von Profilbrettkrallen **(6)**. Verlegen Sie dann die Bretter so, daß Sie die Feder in die Nut

des vorherigen Brettes schieben können. Das erste Brett können Sie entweder an der Wandseite nageln oder mit speziellen Anfangskrallen verlegen **(7)**. Schieben Sie dann die Montagekrallen von hinten in die Nut und befestigen Sie sie auf der Unterkonstruktion. Dann schieben Sie das nächste Brett ein.

Diagonalverlegung von Profilbrettern

Da sich die senkrechte oder waagerechte Verlegung von Profilbrettern an Wand oder Decke kaum von der Arbeit beim Bekleiden von Dachschrägen unterscheidet (siehe Seite 33), zeigen wir hier eine Diagonalverlegung. In

unserem Beispiel dient eine Konterlattung als Unterkonstruktion **(8)**. Wenn in der Raummitte eine senkrechte Naht entstehen soll, beginnen Sie am besten mit der Diagonale **(9)**. Zeichnen Sie die Stoßstelle an, und längen Sie das Brett entlang der Linie sauber ab. Sonst ist es einfacher, in einer Raumecke zu beginnen **(10)**. Um die kleinen Eckstücke zu halten, muß eventuell noch eine Querverstrebung eingebaut werden. Achten Sie darauf, daß unten ein Spalt für die Hinterlüftung bleibt. Untergelegte Leistenstücke sorgen für einen gleichmäßigen Abstand der Profilbretter vom Boden. An der Seite können Sie eine Schattenfuge anbringen oder die Schnittkanten unter einer Leiste verstecken **(11)**. Für den Anschluß an Türen, Fenstern oder Einbauten fallen bei einer Diagonalverlegung meist komplizierte Einpaßarbeiten an.
Wenn Sie die Profilbretter farbig behandeln wollen, sollten Sie dies unbedingt vor dem Verlegen machen und die Bretter ganzflächig streichen **(12)**. Sonst kann es passieren, daß durch den natürlichen Schwindungsprozeß beim Trocknen des Holzes später an der Feder die Naturfarbe hervorblitzt.
Verwenden Sie möglichst eine umweltfreundliche Lasur oder Dekorwachs. In Innenräumen kann man in der Regel auf Holzschutzmittel verzichten. Lediglich in Feuchträumen kann ein chemischer Holzschutz angebracht sein. Umweltfreundlicher ist es aber auch hier ohne.

Abb. 1

Abb. 2

Abb. 3

Deckenbekleidung mit Kassetten

Bei der Bekleidung von Decken muß ebenfalls eine Unterkonstruktion angebracht werden. Sie kann direkt unter die Decke geschraubt oder bei hohen Räumen auch weiter abgehängt werden. Der Hohlraum läßt sich zum Einbringen einer Wärme- oder Trittschalldämmung nutzen.

Zum Anbringen von Paneelen und Kassetten muß das Raster der Unterkonstruktion so angelegt werden, daß die einzelnen Elemente immer genau über einer Latte zusammenstoßen und dort befestigt werden können. Falls das Raster nicht über die volle Breite aufgeht, müssen Sie wie bei den Fliesen an einer oder beiden Seiten Randstücke einpassen. Für die Montage werden Paneelkrallen benutzt, die im Unterschied zu den Profilbrettkrallen zwei Nasen haben und so jeweils auf beiden Seiten in die Nuten passen.

Das erste Brett wird angenagelt und von der anderen Seite mit einer Kralle befestigt **(1)**. Jetzt wird die Feder eingeschoben **(2)**. In der Ecke

Abb. 4

Abb. 5

Abb. 6

wird noch ein Querfries angebracht **(3)**, das auch mit einer Feder versehen wird. Dann kann die erste Kassette in die Federn eingeschoben werden **(4)**. Von der anderen Seite wird sie mit einem Querfries, der an der

Unterkonstruktion befestigt wird, gehalten **(5)**. Wenn die erste Kassettenreihe komplett ist, wird sie mit einem Profilbrett abgeschlossen **(6)**. So verlegt man Reihe für Reihe. Das Abschlußbrett wird wieder angenagelt.

Treppen

Treppen prägen den Charakter eines Hauses ganz wesentlich **(7)**. Bei ihrem Einbau sind die baurechtlichen Anforderungen nach DIN 18 065 zu erfüllen. Als Zugang zu Wohnräumen und Aufenthaltsräumen müssen sie eine nutzbare Laufbreite von mindestens 80 cm haben. Außerdem soll eine Treppe bequem zu ersteigen sein. Bei einer Neigung von 30° soll die Auftrittsbreite (A) 12 cm größer sein als die Steigung (S): A – S = 12 cm. Die Auftrittsbreite ist die Tiefe der einzelnen Stufen, und mit Steigung ist die Höhe von Stufe zu Stufe gemeint. Als Sicherheitsregel empfehlen die Treppenbauer, daß Auftrittsbreite und Steigung 46 cm betragen: A + S = 46 cm. Aus diesen beiden Formeln ergibt sich für die

Abb. 7

optimale Treppe eine Auftrittsbreite von 29 cm und eine Steigung von 17 cm (siehe auch Tabelle). In der Praxis werden gerade Treppen etwas bequemer und gewendelte Treppen etwas steiler gebaut.

Treppen-Maße nach DIN 18 065				
Gebäude- und Treppenart		Nutzbare Laufbreite mindestens	Steigung	Auftritt
Treppen in Wohngebäuden mit nicht mehr als zwei Wohnungen	Treppen, die zu Aufenthaltsräumen führen	80	17±3	28 $^{+9}_{-5}$
	Keller- und Bodentreppen, die nicht zu Aufenthaltsräumen führen	80	≤21	≤21
	Baurechtlich nicht notwendige (zusätzliche) Treppen	50	≤21	≤21
Baurechtlich nicht notwendige Treppen in geschlossenen Wohnungen		50	keine Festlegung	
Zu empfehlende Richtwerte	gerade Treppen	80	17	28
	gewendelte Treppen	80	18	26

Wenn es sich um den einzigen Zugang zum Dachgeschoß handelt, sollten Sie bedenken, daß auch einmal größere Möbelstücke oder ein Wäschekorb über die Treppe transportiert werden müssen. Bei einer zusätzlichen, baurechtlich nicht notwendigen Treppe innerhalb einer geschlossenen Wohnung, um beispielsweise vom Schlafzimmer ohne Umweg in darüberliegende Kinderzimmer zu kommen, genügt eine Laufbreite von 50 cm. Aus Sicherheitsgründen empfiehlt es sich auch hier, die Normmaße einzuhalten, damit die Treppe im Notfall als Fluchtweg dienen kann.

Treppengrundrisse

Je nach Platz und Funktion werden Treppen mit unterschiedlichen Grundrissen eingesetzt (8). Bei mehrgeschossigen Bauten ist es optisch meist am sinnvollsten, eine bestehende Treppe nach oben weiterzuführen. doch häufig spielen dabei die Platzverhältnisse im Dachgeschoß nicht mit, da die Schräge den Ausstieg zu sehr behindert oder die zur Verfügung stehende Deckenöffnung zu gering ist.
Den meisten Platz benötigen die besonders repräsentativ wirkenden geraden Treppen. Sie erfordern ein sehr großes Treppenhaus und eine sehr lange Deckenöffnung (ab etwa 110 x 350 cm).
Raumsparender sind gewendelte Treppen. Sie können durch die unterschiedlichsten Arten der Wendelung den vorhandenen Raumver-

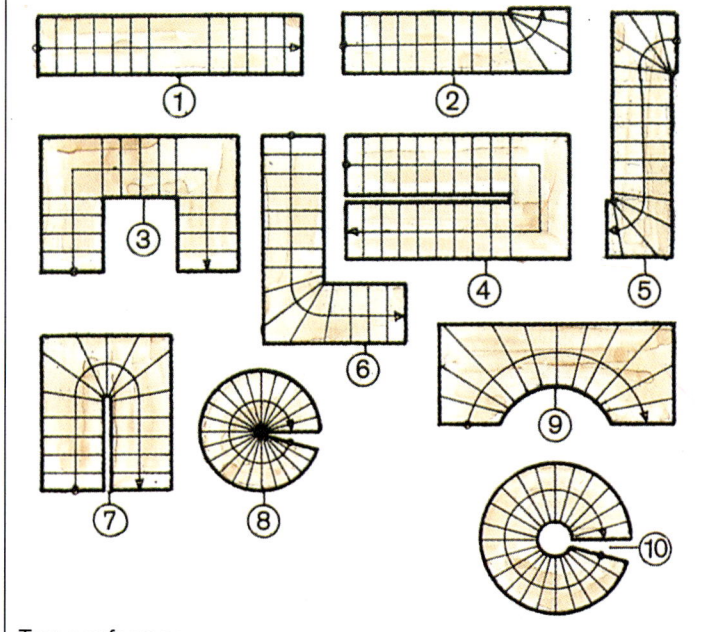

Treppenformen

1. Zweiläufige Podesttreppe; 2. Viertelgewendelte Treppe; 3. U-Treppe mit zwei Podesten; 4. Zweiläufige Treppe mit Halbpodest; 5. $2/4$-gewendelte Treppe; 6. $1/2$-gewendelte Treppe; 7. Bogentreppe; 8. Halbgewendelte Treppe; 9. Wendeltreppe mit Spindel (Spindeltreppe); 10. Wendeltreppe mit offenem Treppenauge

Abb. 8

hältnissen besser angepaßt werden. Die Treppenbauer unterscheiden zwischen $1/4$-, $1/2$- und $2/4$gewendelten Treppen. Treppen mit gleichmäßigem Bogen nennt man Wendeltreppen. Hier sind zwei Bauarten typisch: die Wendeltreppe mit offenem inneren Auge und die Spindeltreppe (9), bei der die innere Wange durch eine Spindel ersetzt ist. Diese aus alten Burggemäuern bekannte Treppenform gilt als besonders platzsparend, da sie auf geringer Grundfläche einen Weg nach oben ermöglicht. Für eine baurechtlich nicht notwendige Treppe genügt

Abb. 9

schon eine Deckenöffnung ab etwa 130 cm Durchmesser. Wenn Spindeltreppen als Haupttreppen dienen sollen, benötigen sie aber sogar einen sehr großen Treppenausschnitt mit etwa 200 bis 250 cm Durchmesser. Denken Sie bei der Treppenplanung daran, daß Türen und Fenster weiterhin voll geöffnet werden können. Bei Fenstern im Treppenbereich muß außerdem durch Einhalten einer ausreichenden Brüstungshöhe oder dem Einbau eines Gitters die Absturzgefahr verhindert werden.

Abb. 1

Abb. 2

Abb. 3

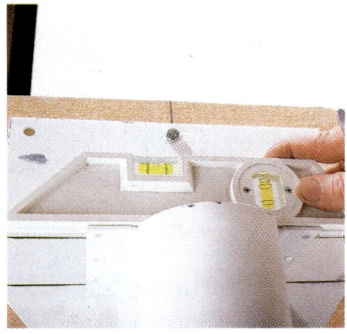

Abb. 4

Einbau einer Raumspartreppe

Als zusätzliche Treppen eignen sich die sogenannten Raumspartreppen mit wechselseitig ausgeklinkten Stufen, die es in gerader Ausführung, gewendelt und auch als Spindeltreppen gibt. Durch das abwechselnde Ausklinken der rechten und linken Auftrittseite soll die doppelte Trittbreite einer Normaltreppe erreicht werden. Bei gleicher Bequemlichkeit benötigt diese Treppe nur den halben Platz. Allerdings sollten Sie vor dem Einbau einer solchen »Sambatreppe« erst einmal in einem Treppenstudio das Besteigen üben.
Im folgenden zeigen wir die wichtigsten Schritte beim Bau einer gewendelten Raumspartreppe, die Sie leicht selbst aufbauen können. Die Treppe besteht aus höhenverstellbaren Mittelholmelementen und 40 mm dicken, massiv zahnverleim-

ten Holzstufen, die wahlweise in Buche, Kiefer, Eiche oder Mahagoni lieferbar sind. In der gleichen Bauweise bietet der Hersteller übrigens auch Treppen mit vollen Stufen an.
Bausatztreppen werden von den Herstellern mit auf Maß gefertigten Stufen geliefert und müssen vor Ort nur noch montiert werden. Messen Sie als erstes die Geschoßhöhe (vom Boden bis zur Oberkante der Deckenöffnung einschließlich Bodenbelag) noch einmal nach **(1)** und teilen Sie die Geschoßhöhe durch die Anzahl der Stufen plus 1. Die Rechnung ergibt die Steigungshöhe von Stufe zu Stufe. Bei einer Geschoßhöhe von 265 cm erhalten Sie so für eine

Treppe mit 13 Stufen eine Steigungshöhe von 18,9 cm, bei 14 Stufen sind es dagegen 17,6 cm.

Konsolen
Zeichnen Sie die Dicke einer Stufe auf der Deckenkonsole an, dann können Sie die Montageposition leichter ausmessen und markieren **(2)**. Zum Anschrauben der Konsole **(3)** müssen Sie den Deckenbalken vorbohren; verwenden Sie bei Betondecken nur bauaufsichtlich zugelassene Dübel. Die Ausrichtung der Konsole muß unbedingt mit der Wasserwaage kontrolliert werden **(4)**. Danach kann die nächste Konsole eingesteckt und die Steigungshöhe eingestellt werden. Der Einfachheit halber genügt es hier,

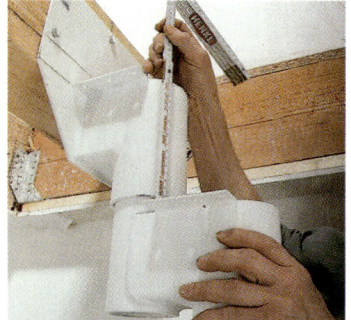

Abb. 5

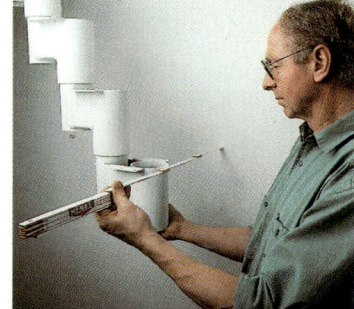

Abb. 7

Abb. 10

Abb. 6

Abb. 8

Abb. 11

Abb. 9

Abb. 12

wenn Sie von Auflagekante zu Auflagekante messen (5) und die Befestigungsschraube gleich mit einem Gabelschlüssel etwas andrehen (6). Stufe für Stufe geht es so von oben nach unten. Kontrollieren Sie dabei aber immer wieder den Wandabstand (7). Mit einer Stützlatte erreichen Sie, daß die Auflageflächen waagerecht bleiben (8). Da unsere Treppe im unteren Bereich leicht gewendelt werden soll, müssen die Konsolen hier etwas gedreht werden. Verteilen Sie die Wendelung am besten auf mehrere gleichmäßige Schritte (9).
Bevor Sie die Fußplatte am Boden verdübeln (10), kontrollieren Sie nochmals den Treppenverlauf, und prüfen

Sie, ob die Auflageflächen für die Stufen waagerecht sind. Dann werden die Schrauben in allen Konsolen angezogen (11). Belasten Sie die Konsolen anschließend mit ihrem Körpergewicht, und ziehen Sie anschließend die Schrauben nochmals gründlich nach (12).

Holzstufen
Die Holzstufen werden wechselseitig von oben nach unten montiert. Verteilen Sie die Raumsparstufen so, daß der Auftritt (breite Seite) der untersten Stufe und der Handlauf auf gegenüberliegenden Seiten sind. Wenn man mit der linken Hand zum Hand-

Abb. 13

Abb. 16

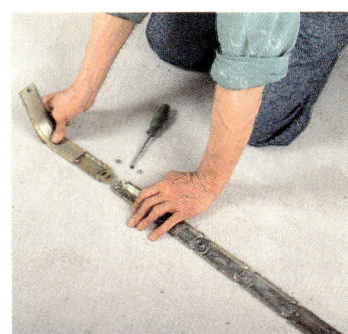

Abb. 19

Abb. 14

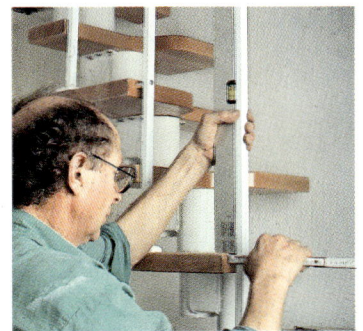

Abb. 17

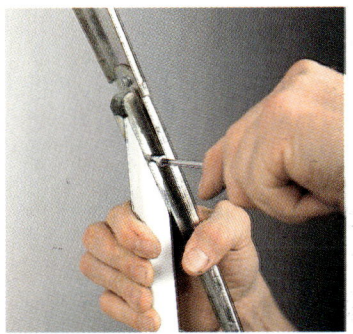

Abb. 20

Abb. 15

Abb. 18

lauf greift, steigt man meist zuerst mit dem rechten Bein – und umgekehrt.
Um Platz für das Geländer zu schaffen, wird die oberste Stufe etwas nach rechts versetzt **(13)**. Zum Eindrehen der Befestigungsschrauben bohren Sie die Stufen am besten vor. Die Schrauben las-

sen sich leichter eindrehen **(14)**, wenn sie mit etwas Wachs oder Seife eingerieben sind. Da an der untersten Stufe nicht mehr genügend Platz für den Akkuschrauber oder einen Schraubendreher ist, werden hier Schlüsselschrauben verwendet **(15)**.

Geländer
Zur Montage des Handlaufs: Zeichnen Sie an den Geländerstäben die Steigung des Handlaufs an **(16)** und sägen Sie die Oberkante zu. Auch die Geländerstäbe werden von oben nach unten angebracht **(17)**. Schrauben Sie sie mit einer Fußplatte auf die Stufen und befestigen Sie sie an der Vorderkante der dritten Stufe zusätzlich mit einer Distanzhülse **(18)**. Einzelteile des Handlaufs vorab montieren, dann den Handlauf von oben nach unten verlegen und an den Geländerstäben mit Blechschrauben befestigen **(19** und **20)**. Entsprechend der Wendelung wird auch der Handlauf etwas gebogen. Dies geht am einfachsten mit einer lan-

Abb. 21

Abb. 23

Abb. 24

Abb. 22

gen Rohrzange und einer
zweiten Zange oder Schraub-
zwinge als Widerlager **(21)**.
Den unteren Abschluß des
Handlaufs bildet ein Krüm-
mer, der am letzten Geländer-
stab angebracht wird **(22)**.
Fertig? Einige Einbauten ver-
gißt man bekanntlich immer:
Vergessen Sie deshalb beispielsweise auf keinen Fall
das Brüstungsgeländer im
oberen Stockwerk. Es kann
aus dem gleichen Material
wie die Geländerstäbe gefertigt **(23)** oder auch als halb-
hohe Trennwand gebaut
werden.
Zu guter Letzt muß noch ein
Kunststoffprofil über die Hand-
laufglieder aus Metall gezo-
gen werden **(24)**. Dann ist
die neue Treppe fertig für die
ersten »Sambaschritte«**(25)**.

Abb. 25

Heizungs- und Sanitärinstallation

Erweiterung der Heizungsanlage

Neue Wohnräume brauchen auch eine Heizung. Die Erweiterung einer vorhandenen Heizungsanlage wirft einige Probleme auf, die frühzeitig berücksichtigt werden müssen. Ist der zentrale Heizkessel im Keller groß genug, um auch die zusätzlichen Räume mitzuversorgen, oder sollte besser eine eigene Etagenheizung installiert werden? Wie kommen die Rohre ins nachträglich ausgebaute Dachgeschoß?

Den Wärmebedarf für neue Räume können Sie meist beim örtlichen Energieversorgungsunternehmen kostenlos oder gegen eine geringe Gebühr berechnen lassen. Mit dieser Information lassen sich die für die einzelnen Räume notwendigen Heizkörper (1) bereits bei der Planung des Ausbaus berücksichtigen.

Sie können die üblichen Konvektorheizkörper nehmen, sich aber auch für Wandheizleisten oder eine Fußbodenheizung entscheiden. In allen Fällen muß ein Rohrnetz Heizkessel und Heizkörper miteinander verbinden. In der Regel wird dies ein Zweirohrsystem mit getrenntem Vor- und Rücklauf sein. Da beim Verlegen von Heizungsrohren meist Schweiß- oder Lötarbeiten anfallen, sollten Sie einen Fachmann mit der Ausführung der Installation beauftragen, wenn Sie diese Techniken nicht sicher beherr-

schen. Wollen Sie selber Hand anlegen, greifen Sie besser zu modernen Rohrsystemen mit Schraub- oder Klemmbefestigung. Es gibt auch Kunststoffrohre, die sich zum Verteilen der Heizenergie eignen (2).

Beachten Sie, daß die Rohrleitungen und Konsolen für die Heizkörper bereits zu Beginn des Innenausbaus verlegt werden müssen. Richten Sie Ihr Augenmerk auf Fußbodenheizungen. Sie sind sogar vor dem Verlegen des Estrichs zu installieren. Erst danach können der Fußboden verlegt und die Wände bekleidet werden.

Abb. 1

Abb. 2

Vorwandinstallation von Wasserleitungen

Das gleiche gilt auch für das Verlegen von Wasserleitungen. Da die Bauvorschriften heute das Aufschlitzen der Wände zum Verlegen von Wasser- und Abwasserleitungen (3) einschränken (nur noch für Elektroleitungen!), findet die Sanitärinstallation in zeitgemäßen Badezimmern mit der sogenannten Vorwandinstallation vor der Wand statt. Spezielle Einbauelemente nehmen die Anschlüsse auf und tragen die Sanitärobjekte wie WC oder Waschtisch (4). Ein wesent-

Abb. 3

licher Vorteil ist, daß sich Vorwandinstallationen auch gut nachträglich durchführen lassen. Dabei können manchmal sogar die alten Rohrleitungen in der Wand bleiben. Nach dem Verlegen der neuen Rohre und dem Anschluß der Armaturen kann der Installationsbereich hinter einer massiven Mauer versteckt oder noch viel einfacher mit Gipskartonplatten verkleidet werden. Sind später die Fliesen verlegt, ist nur noch ein kleiner Vorsprung zu sehen **(5)**, hinter dem sich die Sanitärtechnik verbirgt.

Abb. 4

Abb. 5

Küche

Bei der Planung von Küchenarbeitsplätzen sollten Sie darauf achten, daß neben Herd und Spüle genügend Arbeitsflächen vorhanden sind. Für die Höhe von Arbeitsplatten, Schränken und Regalböden gibt es eine Norm; beispielsweise sollte die Arbeitsplatte 85 cm hoch sein, auch für die Breite der Küchenschränke und Einbaugeräte gibt es Standardmaße. Bei industriell hergestellten Küchen sind diese Normmaße bereits berücksichtigt. Bei selbstgebauten Küchenmöbeln sollten Sie sich ebenfalls daran orientieren. Beachten Sie, daß die Wege zwischen den Hauptarbeitszonen, wie Arbeitsfläche, Herd, Spüle und Geschirrschrank, kurz gehalten werden.

Da in einer modernen Küche eine Vielzahl von Elektrogeräten betrieben wird und bei Akkugeräten jedes sogar

Abb. 7

Abb. 8

Abb. 6

eine eigene Ladestation braucht, sollten Sie genügend Steckdosenleisten über der Arbeitsfläche einplanen. Eine indirekte Beleuchtung unter Hängeschränken kann die Arbeitsflächen erhellen, ohne zu blenden und unangenehm auf die Augen zu wirken.

Selbstgebaute Küchenmöbel

Eine neue Küche kann ins Geld gehen. Preiswerter sind auf jeden Fall Küchen mit selbstgebauten Möbeln. Anstelle der üblichen Küchenschränke aus Spanplatten bestehen bei unserem Beispiel die Möbelwände aus Porenbeton (6). Sie werden wie

Regalstollen vom Fußboden aufgemauert (7). Im oberen Teil müssen sie zusätzlich mit eingemauerten Wandankern an der Wand gesichert werden. Als Arbeitsfläche dient eine aufgedoppelte, wasserfest verleimte Spanplatte (V 100), die verfliest werden soll. Für den Einbau der Spüle muß vorher aber noch ein Ausschnitt mit der Stichsäge erstellt werden. Die Schnittlinie läßt sich mit der mitgelieferten Schablone leicht anzeichnen (8). Bohren Sie an den Ecken zum Einstecken des Sägeblattes vor oder lassen Sie die Stichsäge eintauchen, und sägen Sie den kompletten Ausschnitt mit runden Ecken in einem Stück. Anschließend wird die Spanplatte grundiert

und der Fliesenkleber aufgetragen.
Verwenden Sie zum Verfliesen von Arbeitsflächen Reaktionsharzkleber auf Epoxidharzbasis, damit Sie eine wasser- und säurefeste Oberfläche erhalten (9). Dabei dürfen Sie die Kleberschicht nicht ganz bis zur Spanplat-

Abb. 9

Abb. 10

Abb. 11

Abb. 12

Abb. 13

Sauna

Die Sauna ist ein Gesundbrunnen besonderer Art. Dieses ursprünglich finnische Badevergnügen wird auch bei uns immer beliebter. Wenn genug Platz im Haus ist, können Sie sich eine eigene Saunakabine installieren. Im Prinzip eignet sich dazu jeder Raum: Keller, Dachgeschosse oder auch große Badezimmer. Außer dem entsprechenden Platz (ab etwa 2 x 2 m aufwärts) benötigen Sie nur einen eigenen 220-Volt-Stromanschluß. Außerdem sollte eine Duschgelegenheit in der Nähe sein. Ein richtiges Tauchbecken macht den Saunaspaß perfekt. Die original-finnische Sauna ist aus massiven Blockbohlen, die wie bei einem Blockhaus ineinandergesteckt werden, gebaut. Diese Bauweise wird vor allem außen benutzt, zum Beispiel als Saunahaus im Garten. Allerdings gibt es auch Hersteller, die Blockbohlensaunen für innen anbieten. Die Preise sind jedoch sehr hoch. Für Saunakabinen im Haus haben sich vor allem die Holzrahmenbauweise und die Elementbauweise durchgesetzt.

Holzrahmenbauweise

Bei der Holzrahmenbauweise wird eine Ständerkonstruktion aus dicken Kanthölzern errichtet, die dann von innen und außen mit Profilbrettern bekleidet wird. Dazwischen sorgt eine Mineralfaserdämmung mit Alufolie als Dampfsperre dafür, daß die Wärme-

tenoberfläche durchkämmen, sondern es sollte immer eine dünne Kleberschicht stehen bleiben. Auch die Fugenmasse muß säurefest sein **(10)**, schließlich wollen Sie auf der Arbeitsplatte mit Lebensmitteln, Fetten, Ölen und Haushaltschemikalien arbeiten.

Vor dem Einbau des Spülbeckens wird die Schnittkante mit Silikon-Dichtmasse versiegelt **(11)**. Sie soll verhindern, daß im Laufe der Zeit Feuchtigkeit und Säuren oder Laugen in die Spanplatte eindringen und sie aufquellen lassen. Zusätzlich wird der Rand des Beckens mit der mitgelieferten Anschlußdichtung oder mit Silikon abgedichtet. Klammern halten die Spüle dann fest in der

Arbeitsfläche **(12)**. Am besten, Sie nehmen eine Spültischgarnitur mit flexiblen Anschlußschläuchen. Sie sparen nämlich dabei das Ablängen und Zurechtbiegen der Anschlußrohre. Die Schläuche werden einfach an die Eckventile angeschraubt. Natürlich brauchen wir auch für unsere selbstgebauten Küchenmöbel anspruchsvoll aussehende Lamellentüren. Es gibt sie im Handel in den Varianten Fichte oder Kiefer. Sie können lasiert oder auch farbig lackiert werden. Zur leichteren Montage der Zapfenbandscharniere werden Holzleisten auf die Möbelwände aus Porenbeton geschraubt **(13)**.

Abb. 1

Abb. 4

Abb. 7

Abb. 2

Abb. 5

Abb. 3

Abb. 6

verluste gering bleiben. Material zum Bau einer Saunakabine kann man sich Teil für Teil im Baumarkt zusammensuchen. Oder man erwirbt einen fertigen Bausatz. Er enthält auch den Saunaofen. Bausätze werden von verschiedenen Firmen in reicher Auswahl angeboten.

Elementbauweise

Noch einfacher ist das Erstellen einer Sauna in Elementbauweise. Hier sind die Wände vom Hersteller in einzelne Elemente aufgeteilt und vormontiert. Sie müssen nur noch an Ort und Stelle zusammengebaut werden.

Auch die entsprechende Saunatechnik wird in dem Bausatzpaket gleich mitgeliefert. Zuerst wird der Bodenrahmen rechtwinklig zusammengesteckt (1) und mit der Wasserwaage ausgerichtet (2). Falls der Boden uneben ist, muß mit einer untergelegten Leiste oder durch Abhobeln des Rahmens ausgeglichen werden. Dann werden die Seitenteile an der hinteren Ecke beginnend in die in den Rahmen eingelegten Federn gesteckt und von außen verschraubt (3). Nachdem das erste Wandeck steht, können weitere Wandteile mit Nut und Feder fest zusammengeschoben werden (4). Sie sind so konstruiert, daß dabei eine absolut dichte Wand entsteht. Als nächstes werden die Deckenelemente aufgesetzt. Sie sind mit einem umlaufenden Falz versehen, der in die Seitenwände einrasten muß (5). An der Vorderseite muß noch der Rahmen für die schwere Saunatür eingesetzt und befestigt werden (6). Jetzt kann es innen weitergehen. Mit einer Deckenleiste wird die Decke an den Seitenwänden verschraubt (7). In der dem Ofen gegenüber-

Abb. 8

Abb. 10

Abb. 12

Abb. 9

Abb. 11

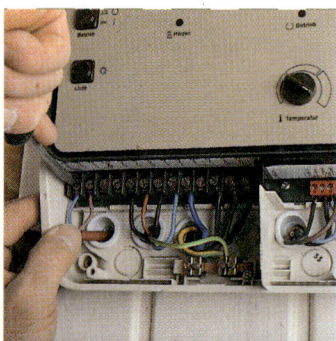

Abb. 13

liegenden Ecke der Sauna muß die Abluftöffnung angebracht werden (8). Sie führt entweder in den benachbarten Raum oder besser noch ins Freie. An den Wänden werden stabile Holzleisten angeschraubt, auf die die Saunaliegen aus Holz aufgelegt werden. Über den oberen Liegen werden außerdem noch Wandleisten zum Anlehnen befestigt (9).

Installation des Saunaofens

Als nächstes wird der Saunaofen installiert. Das hitzebeständige Spezialkabel wird durch eine Anschlußöffnung in der Saunawand nach außen geführt (10). Dann

kann der Ofen in eine an die Wand geschraubte Halterung gehängt (11) werden. Auf dem Ofen werden Aufgußsteine gleichmäßig verteilt. Ein Ofenschutzgitter aus Holz schützt später vor Berührungen des heißen Saunaofens (12). Den Anschluß des Ofens an das Steuergerät (13) außen neben der Saunatür und ans Stromnetz sollten Sie aus Sicherheitsgründen besser einem Fachmann überlassen. Allerdings können Sie den Einbau des Thermostats, der direkt über dem Ofen sitzen muß, bereits vorbereiten. Wenn schließlich auch noch das kombinierte Thermo- und Hygrometer sowie die obligatorische Sanduhr montiert sind, kann das erste Sauna-

Abb. 14

bad bald genossen werden. Vorher sollten Sie die Sauna aber erst noch zwei Stunden lang auf 80° Celsius aufheizen und mehrmals gut ablüften lassen.

Register

In der bei vielen Selbermachern beliebten Serie FALKEN-DO-IT-YOURSELF sind unter anderem erschienen:

»Kleinmöbel aus Holz« (Nr. 905)
»Fahrradreparaturen« (Nr. 796)
»Anstreichen und Lackieren« (Nr. 771)
»Metall bearbeiten« (Nr. 1119)
»Sanitärinstallationen« (Nr. 1118)
»Badezimmer renovieren« (Nr. 1199)

»Betonieren, Mauern, Fliesen« (Nr. 1159)
»Autoreparaturen« (Nr. 1211)
»Elektrogeräte reparieren« (Nr. 1160)
»Technik im Garten« (Nr. 1238)
»Lichteffekte mit Halogen« (Nr. 1237)
»Kommunikation aus der Steckdose« (Nr. 1236)

ISBN 3 8068 1243 8

© 1992/1994 by Falken-Verlag GmbH, 65527 Niedernhausen/Ts.
Titelbild: Pool Gesellschaft für Werbefotografie mbH, Griesheim
Fotos: Haro Holz-Design für Wand und Decke (S. 82)
Zeichnungen: Ingrid Hecht, Grafikdesign/Illustration, Hannover (S. 59, 60);
Gerhard Scholz, Dornburg (S. 19, 26)
Alle übrigen Bildvorlagen wurden von »Profitips für Selbermachen«, Fellbach, mit Unterstützung folgender Firmen zur Verfügung gestellt: Arbeitsgemeinschaft Holz e.V., Düsseldorf; Robert Bosch GmbH, Leinfelden-Echterdingen; Ewald Dörken AG, Herdecke - Agentur: Dagmar Riefer, Köln; Desowag Materialschutz GmbH, Düsseldorf; Carl Ed. Meyer GmbH & Co., Delmenhorst - Agentur: Gudrun Diederichs, Erkrath; Klaus-Reiner Esser, Fachjournalist, Erftstadt; Endele Kunststoff GmbH, Obermarchtal; Fels-Werke GmbH, Goslar; G+H Isover, Grünzweig + Hartmann AG, Ludwigshafen am Rhein; Hamberger Industriewerke, Rosenheim; Pressedienst Erich H. Heimann, Düsseldorf; Henke Treppenwerke GmbH & Co. KG, Lübbecke; H.S.L. Production, Münster; IVPU Industrieverband Polyurethan Hartschaum e.V., Stuttgart; Joma Dämmstoffwerk GmbH & Co., Holzgünz; Knauf Westdeutsche Gipswerke, Iphofen; Kaleidoskop Marketing-Service GmbH, Stuttgart; Emil Lux, Wermelskirchen; Marley Werke GmbH, Wunstorf; MEA Meisinger GmbH, Aichach; Osmo Ostermann & Scheiwe GmbH & Co., Münster; TOM Foto Pochert, Bergisch Gladbach; Rigips GmbH, Düsseldorf; Renolit Haus GmbH, Worms; Rehau AG + Co., Erlangen; Schlüter Systems GmbH, Iserlohn - Agentur: ACA Fotostudio GmbH, Hemer; Studio 2000 Claus Busch GmbH, Emsdetten; Velux GmbH, Hamburg, Bauzubehör; Themodach Dachtechnik GmbH, Bad Alexandersbad
Satz: FROMM Verlagsservice GmbH, Idstein
Druck: Ernst Uhl, Radolfzell